真實大利

我們可以一直擁有幸福

張耀輝 著

序

假設某甲提出一系列問題請教某乙，某乙逐一地回答：

請問任何人都可以學習佛法嗎？有什麼條件？

　　沒有任何條件，無論何人都可以透由學習佛法而受益。從佛陀一生的行誼來看，佛教是一種至善圓滿的教育。佛陀在學習過程當中，他學過許多宗教，也可以說他集印度學術之大成，集宗教之大成，最後他在一棵菩提樹下結草為座，並立下了不能證悟真理，將永不離開此座位的誓願，他經過了三個七天的思考，夜睹明星，豁然開悟，見性成佛。成佛之後，他開始從事教學工作，在他四十五年教學過程當中，有許多弟子在他的教導下證果，可看出佛教確實是一種教學、教育，講經說法是一種教學工作。佛教鼓勵透由「聞思修證」的歷程以修習佛法，人可藉著聽聞、思惟、修行，以悟到真理。因而修習佛法是歷經「信解行證」的修行而親證體悟的，先由聽聞與思惟以堅定信心，再依教奉行，循著教法，逐一實踐，假以時日，水到渠成，證悟真理。換言之，「信解行證」是由正信，生起淨信，而求慧解，經由實踐，得到證悟，所以佛法是含有哲學性、邏輯性的真理。現代物理學之父愛因斯坦在自傳中這樣寫道：「我不是一名宗教徒，但我願成為一名佛教徒。」他指出：「如果

世界上有一種宗教不但不與科學相違，而且每一次的科學新發現都能夠驗證它的觀點，這就是佛教。」又說：「我不能設想真正的科學家會沒有這樣深摯的信仰，」並認為：「人生終極的領域，只能在宗教中才能找到答案。」[1]台灣大學哲學系方東美教授則稱讚說：「佛是大哲，佛是聖哲，佛經是高等哲學；學佛是人生最高的享受。」佛是人，不是神，也不是上帝，佛陀在未成就之前跟我們一樣有煩惱、痛苦，但在他予以轉化、淨化之後，了悟宇宙人生的真理，他是以父母所生的人身，成就無上的佛果，因此人能成佛不是神話或傳說，而是確實可行之路。

有些人認為佛教是迷信，這是由於他們對佛法沒有深入了解，不曉得科學與佛法對理解宇宙有共通之處，才會有此不客觀的看法。佛教係依佛陀所證悟的真理認識宇宙；而科學則根據理論與實驗了解宇宙，兩者可謂殊途同歸，現代科學已陸續證明了佛法的智慧深不可測，現代科學對整個宇宙真理的探索還有很漫長的路要走，對比佛陀對宇宙的認識尚有很大的距離，雖然現代科學尚未能完全解釋佛陀的智慧，但科學對宇宙的理解確已在逐步證明佛陀在二千五百多年前所講的道理，比如佛陀能看透宇宙的本質及規律，在沒有儀器的幫助下，他能說出一杯水裡有著八萬四千蟲（有很多生命），現代人才藉著顯微鏡看到水裡確有很多小生命。佛陀在

---

[1] 阿爾伯特・愛因斯坦著，《愛因斯坦文集》，商務印書館，2018年7月。

《胞胎經》中，為我們說明了母親在懷孕期間胎兒在子宮成長變化的過程，證實佛陀所言不虛。又如佛經裡說宇宙是無量無邊的，有無窮的世界，且有其他生命存在。西方科學等到了中世紀才由哥白尼（Nicolaus Copernicus）發表《天體運行論》證實了地球不是宇宙的中心，一直到了現代才提出多重宇宙觀。可見佛陀的智慧遠遠超越一般人的才智，其他如「緣起」、「空」、「無我」、「無常」及「一切唯心造」等，經科學研究結果也與佛法非常吻合。現代科學開始研究量子的現象，以探究人類意識與物質及宇宙的關係，量子力學從根本上改變人類對物質結構及其交互作用的理解，打破了「心靈」與「物質」的二元對立，進一步支持了《華嚴經》中「一切唯心造」的思想。[2]量子力學離不開意識，意識是量子力學的基礎，物質世界和意識不可分開。諾貝爾物理學獎得主維格納（Eugene Paul Wigner）認為，意識可以作用於外在世界，這個已經是量子力學界的共識了。整個物質世界的產生，實際上在意識形成之初，宇宙本體本來是「清淨本然」的，一旦動了念頭想去看它了，這念頭就是一種測量，頓時使這個清淨本然變成一種確定的狀態，這樣就生成為物質世界了，在量子力學中，物質係由測量而產生的，而起心動念的實質也可以把它叫做一種測量，《楞嚴經》所講的：「性覺必明，妄為明覺。」能清楚地說明意識和測量的關

---

2 潘宗光（教授）著，《佛教與科學》增編版，佛學推廣協會，2016年5月。

序

係，現代科學也已證實。[3]由於人的意識、念頭會影響自己、他人、環境，甚至改變世界，如果能修習佛法，從「心」開始，就可以提升智慧與慈悲，使自心保持安樂自在，進而共創更美好的人間。

現代科學是從具相的物質層面至不具相的能量和信息層面而發展。先是有牛頓的經典物理，到了二十世紀的量子物理，觸及飄忽不定、虛虛玄玄的訊息波之後，就遇到了瓶頸，無法進而探索更上一層的心靈。因在西方文化中，較缺乏探索此心靈層次的問題，於是轉而向東方的近東、中國和印度的古代哲學中找尋答案。這股風潮始於1970年代，在21世紀中，將成為世界思想的主流。[4]佛教與科學有許多可以相互學習、互助互惠之處，將會持續發展更多合作的可能性，而更能了解心智訓練所產生的認知與情感上功能之變化。同時，兩者間也需要更多的調和，如對知識與道德或價值觀的看法等等，以便去肯定什麼是人的最高本質。佛教的貢獻是，促使西方重視以慈悲為本的人類尊嚴，以倫理學和心靈修養來改正過於偏重物質的觀念；科學的貢獻是，提供更多的科學證據，將研究成果量化為某些標準可行的方案，讓一般人也可以透由心理學的治療或訓練來獲得禪修的益處，以建立健康的心智，而增進個人的安樂與健

3　朱清時（教授）講述，〈量子意識？現代科學與佛法的匯合處〉，聖地文化，2015年12月。

4　宋光宇（教授）撰，〈科學vs.佛教：二十一世紀應是佛教與科學匯通的時代〉，《宗教哲學》第65-66期，2013年12月1日。

康。[5]

　　科學已陸續證明了佛法的智慧與價值，因此人人都適合學習佛法。例如，現代聞名遐邇的一行禪師在世界許多地方建立了修習佛法的道場——梅村（plum village），大量的西方人每年都從世界各國前去學習，其中有許多天主教徒、基督徒及其他宗教徒，甚至他的弟子中也有神父，他們主要去修習佛法的方法與工具，同時可以了解宇宙人生的真理，運用於日常生活當中，以獲得幸福快樂。

請問如何相信人有前世與來生？

　　如果只是因為前世沒有一點印象而否認其存在，那麼大部分人不記得自己一歲以前的情景，這是否就可以說大部分人都沒有經歷過嬰兒期呢？甚至在昨天或是上個小時，自己說過的話，做過的事，產生的某些念頭，現在也都忘得一乾二淨了，但這能說昨天與上個小時沒有存在過嗎？有些人沒見過祖父，或者兒時曾見過但已不記得了，卻都相信他有個祖父，同樣的道理，雖然我們不記得前生，但亦不應否認人有前生（前世）和來生（後生、來世）。佛陀具足六神通，其中宿命通能了知眾生的宿業及其受報的來由，因此我們應相信佛陀的聖言量。現代科學界亦已證明了人有前世與來生，例如科學界曾對能夠記得前生的人，做立案調查研究，其中最

5　越建東（教授）撰，〈科學與佛教的對話：禪修與科學〉，《哲學與文化》第卅五卷第六期，2008年6月。

序

著名的案例是發生在印度,一位叫薩娜提・迪芙意(Shanti Devi)的小女孩身,其事件令全世界都為之轟動,1935年11月24日,當時印度領導人聖雄甘地下令籌組一個15人的委員會進行調查。這消息一下子傳遍全世界,各地研究輪迴學的學者也都前來調查訪問,結果證實了小女孩所說的及其所能記起前生的歷程都是真的,明確地證明輪迴確實存在。在此種科學研究領域中,尚有一位著名的科學家,美國維吉尼亞大學心理學教授伊恩・史蒂芬森(Professor Ian Stevenson)教授,他歷經了四十多年的研究,大量收集了三千多個案例,強力地證明輪迴現象真實不虛。另外的輪迴領域研究是以催眠的方法幫助心理病人回憶前世來作研究,有很多案例,有許多著名的學者,甚至於出書。例如美國著名精神心理醫生魏斯(Brian Weiss),曾任教美國邁阿密大學和匹茲堡大學,有三十多年心理臨床治療經驗,是心理學權威,更是輪迴學權威。其有關輪迴的代表著作包括有:《前世今生》(Many Lives, Many Masters)、《生命輪迴超越時空的前世療法》(Through Time Into Healing)及《醫治身心的前世回歸療法》(Mirrors of Time, Using Regression for Physical, Emotional, and Spiritual Healing)等。以《前世今生》一書為例,在書中,魏斯醫生描述了其對一位女病人凱瑟琳使用催眠方法,幫助她回憶前世,以消除精神憂鬱症。[6]綜合上述,我們應相信

6　鍾茂森教授(博士)講述,〈因果輪迴的科學證明〉,華藏淨宗學會。YouTube視頻。

人的生命無限，三世輪迴真實存在，人有前生與來生，而每一生會以不同的面貌出現，人人都希望來生能更加美好。

請簡要說明，我們如何才可以一直擁有幸福？

人人都是為了得到幸福而活著的。幸福有兩種，一種稱為相對幸福，另一種叫做絕對幸福。所謂相對幸福，是指短暫的，不能持久的幸福，這種幸福是變化無常的（例如金錢、財產、健康、地位、事業、名譽……等隨時會改變或失去的）；絕對幸福才是我們人生要追求的目的，因它是一種永恆不變的真正幸福（永恆的幸福）。[7]換言之，絕對幸福是究竟的快樂，才是「真實大利」，[8]所以它是人生之目的；相對幸福是短暫的快樂，它只是手段。有了目的才有努力的方向，手段要往對的方向去努力方有用。比如，目的地是花蓮，搭火車前往花蓮是手段；獲得永恆的幸福是目的，使今生活得幸福（如身心健康、家庭美滿、事業成功等）是手段。由於有手段方能達成目的，所以目的重要才使得手段重要，因而目的和手段兩者都重要，但我們不應將手段當成目的，而忘了追求人生真正的目的。

凡一切生命皆有追求離苦得樂的本能。苦，是人人想厭離的；樂，是人人所要追求的。從古迄今，人們無不追求幸福，遠離煩惱

7　永恆的幸福（絕對幸福）即是壽命無限量，而且只有快樂沒有痛苦。
8　有關「真實大利」將於第七章詳細說明。

序

與痛苦，但人通常習於用自己的方法追求幸福遠離痛苦，希望今生達到最好的生活，認為追求物質以滿足最好的享受，就能獲得幸福快樂遠離痛苦，所以積極地追求有形的物質，但是即使物質達到最圓滿，若不知心靈能量提升，還是會有許多煩惱和痛苦。人人都希望家庭和諧，自己的身心健康、事業有所成就，但要想達到這個理想並非單從有形的物質就可以求得到，還要重視心靈能量提升，以達到高意識等級，使我們的心能夠祥和、自在和喜悅，如此個人及家庭才能擁有幸福。

美國著名的精神科醫師大衛・霍金斯博士（David R. Hawkins, M. D., Ph. D.）運用現代科學的研究方法，發現了隱藏在我們這個世界的人類意識地圖（Map of Consciousness），他將人類意識分為17個等級，對數（振動頻率）從20（2,000Hz）到1000（100,000Hz）。對數200以上是積極正面的能量；對數在200以下屬於負面的能量。根據他的研究，意念對人的身體健康有很大影響，任何導致人的意識等級（對數）低於200會使身體變弱，而到了200以上的意識等級能夠使身體增強。一個人的意識等級（對數）200以上的就不易生病，甚至不會生病，如開悟與妙不可言（700-1000）、平和與極樂（600）、喜悅與平靜（540）、愛與崇敬（500）、理性與理解（400）、接納與寬恕（350）、意願與樂觀（310）、中立與信任（250）等，這些都是屬於高的意識等級；一個人的意識等級（對數）低於200，則容易生病。如驕傲與輕蔑（175）、憤怒與仇恨

（150）、欲望與渴求（125）、恐懼與焦慮（100）、悲傷與懊悔（75）、冷漠與絕望（50）、愧疚與指責（30）、羞恥與恥辱（20）等，這些都是屬於低的意識等級。勇氣與肯定（200）則屬於正負能量的分界點，一個人若能意識等級達到300以上，則可以抵銷人類的負能量，例如，一個意識等級300的人，可以抵銷9萬個等級低於200的人；意識等級越高的人，可抵銷等級低於200的人越多，因此，我們每一個人都可以為整體人類意識提升做出貢獻。根據霍金斯博士的發現，當一個人來到了勇氣（200）的等級時，他會將他人的幸福（利他）看得越來越重要；到了愛（500）的等級，他人的幸福會成為最重要的動機與驅力；而在開悟（700～1000）的狀態，他會將生命完全奉獻於人類，這是偉大聖者的等級，能影響全人類的能量，這個等級最高是1000，為人類有史以來個人所能達成的最高等級，如佛陀所達到的境界。[9]如果我們有意識地運用佛法於日常生活中，那麼更高的能量等級是可以達成的。有關提升意識能量等級的方法，詳見第二章、第五章、第六章及第七章。真實的快樂來自心靈，所以正確的方法是以追求心靈幸福快樂

---

[9]　大衛・霍金斯（博士）著，蔡孟璇譯，《心靈能量：藏在身體裡的大智慧》，方智出版社，2012年6月、雷久南（博士）撰，〈關照情緒、提升意識、活得自在開心〉，《琉璃光養生世界季刊》第123期，琉璃光養生世界雜誌社，2022年11月15日、大衛・霍金斯（博士）著，《臣服之享：遇萬事皆靜好自在的心提升練習》，三采文化，2020年8月。

為主,物質條件為輔,方能獲得真正圓滿的幸福快樂。佛陀的教法不但能夠增進今生的相對幸福,而且可選擇修習適合的法門,以獲得永恆的幸福。有關增進今生的相對幸福的方法將於第一章至第六章詳述,接著在第七章和第八章闡明如何獲得永恆的幸福。

請大略說明本書的主要內容。

本書為了超越宗派藩籬,回歸佛陀完整教法,在撰寫方面,主要依據經典,並融合了菩薩、祖師、高僧、法師和大德們等學習所得的智慧結晶,於引用處加註以力求嚴謹,再舉科學相關文獻作佐證,以啟深信,期能有系統地闡明「一直擁有幸福」之道。本書內容主要有三大部分,第一、說明如何增進今生的相對幸福;第二、詳述如何獲得絕對幸福;第三、描述回幸福故鄉之後的生活環境與生活情形等,為了詳細說明如何一直擁有幸福,將本書分為十章:第一章今生幸福,第二章今生幸福的祕訣,第三章善於生活,第四章心如一畝田,第五章五善行,第六章修習善法,第七章修習無上深妙禪,第八章回幸福故鄉,第九章永恆的幸福,第十章幸福的Q&A。

序

目　錄

第一章　今生幸福

HAPPINESS A

幸福是什麼？

佛陀教導我們如何獲得幸福？

唐朝白居易如何實踐佛法？

雲谷禪師教導袁了凡如何改造命運？

五福之中何者是關鍵？為什麼？

兩種幸福間有什麼關係？

幸福的根源

幸福是什麼？對於幸福的看法因人而異，有人認為幸福是身體健康；或認為幸福是榮華富貴；也有人認為幸福是自由自在；有人認為幸福是凡事看得開；或認為幸福是一切知足……等等。幸福到底是什麼？其實，幸福是在於觀念轉變時開始的。我們應根據誰的觀念來轉變呢？當然是奉行佛陀的教法，才能穩當地開啟幸福人生之門。人人都想得到今生幸福的善果，惟須依照佛陀所說的宇宙人生的真理，從因、緣上去努力。

唐朝時，白居易出任杭州刺史，聽說當地有位著名的大修行人——鳥窠道林禪師，因其住在樹上，身邊有很多喜鵲在此築巢，禪師與之怡然相處，所以被稱為鳥窠禪師，白居易於是前去拜訪。見到禪師後，白居易就向禪師請教：「敢問師父，如何是佛法大意？」鳥窠禪師說：「諸惡莫作，眾善奉行，自淨其意，是諸佛教。」白居易心想，如此高妙的佛法沒想到鳥窠禪師回答的居然這樣簡單，白居易不覺笑了，說：「這是三歲孩兒也知道的道理呀！」禪師聽後，莞爾一笑，回答說：「三歲孩童雖道得，八十老翁行不得！」白居易這才了解到，他心中的佛法只是一種學理，而禪師所說的佛法是一種對待生活的態度和方式。白居易誠懇地向鳥窠禪師致謝，然後打道回府，努力修行。從此之後，他不僅念佛、持齋守戒，還力倡放生，以慈悲心行善利生，他為了普勸大家念

佛，晚年作了一首流傳甚廣的《念佛偈》，偈云：「余年七十一，不復事吟哦；看經費眼力，作福畏奔波；何以度心眼？一聲阿彌陀；行也阿彌陀，坐也阿彌陀；縱饒忙似箭，不廢阿彌陀；日暮而途遠，吾生已蹉跎；旦夕清淨心，但念阿彌陀；達人應笑我，多卻阿彌陀；達又作麼生？不達又如何？普勸法界眾，同念阿彌陀！」由此偈中可看出，白居易因其已七十一歲，年紀大了，視力、體力衰退了，已不能如年輕時，可長時間看經典與四處奔波，去行善積福。這時候，他是以隨時念佛來自淨其意（高意識等級），以恢復清淨心。鳥窠禪師教導了白居易，使其擁有佛法的智慧（高意識等級），他並加以力行，由此可見擁有智慧相當重要。

在《阿育王譬喻經》裡有一則「五百金買智慧」的小故事，情節是這樣的，古時候有一個國家，物資豐盛，人民安樂，非常富有，任何物品應有盡有，不虞匱乏。有一天，該國國王腦海裡心想：「我的國家如此富裕，但一定還有一些他國有，但我國沒有的東西，應設法把它買來。」於是，國王就派了一位大臣，周遊列國，去找尋自己國家所沒有的東西。大臣走了好遠好久……可是，走了許多國家後發現，好像沒有什麼東西是自己國家所缺乏的。再奔走了好幾個國家之後，大臣在一小國的市集中，看到了一個小攤位，攤位後面除了坐了一位老先生之外，並沒有看到擺了什麼東西。桌上什麼也沒有。此時，大臣好奇地問老先生：「您在賣什麼東西呢？怎麼沒看到任何東西？」「我呀，我在賣智慧啊！」老先

生微笑地說道。大臣心想：「智慧？智慧是什麼東西？好像我們國家沒有！」於是又問道：「您賣的智慧是什麼模樣的?賣多少錢呢？」坐在攤販桌後的老先生回答說：「我賣的智慧是無形的，賣五百兩金子。」臣子心裡想：「黃金五百兩？哇，好貴！」因為國王說，錢的事不用擔心，為了能回國向國王交代，就決定花五百兩黃金把智慧買下，於是臣子便稱了五百兩金子給老先生。老先生收了黃金之後，就拿出一張紙條，上面寫著二十個字：「長慮諦思惟，不當卒行怒；今日雖不用，會當有用時。」意思是遇事冷靜，仔細考慮其中道理，絕不馬上動怒，即便現在用不到，但將來一定會用到的時候。這二十個字就是老人的智慧，大臣看了這二十個字，覺得這些字也沒什麼了不起嘛！可是買賣既已成交，就不能後悔！看似沒什麼大不了，直到……後來，這大臣想，好不容易買到了「智慧」，事不宜遲，就快馬加鞭，趕了三天三夜的路，才於半夜回到家，準備明日上朝時，向國王當面稟報。可是，當他走進屋子，明亮的月光，照進屋裡，在玄關看到一雙陌生的鞋子，懷疑屋裡有外人，心裡頓時生起了壞念頭，此時他瞬間怒火中燒。他面紅耳赤地往裡面的房間衝了過去。不過，剎那間，大臣想起了三天前剛買的「智慧」，它是花五百兩金子買的，有一天一定會用到的智慧，因而反復念著：「長慮諦思惟，不當卒行怒；今日雖不用，會當有用時。……」於是他忍住了心中的熊熊怒火，打開臥室的門一看，房裡躺著的是生了病的妻子和在旁照顧妻子的母親。原來，妻

子在他不在家的時候生病了，不得已只好請婆婆來家裡照顧自己。家中沒有男人不免擔心，所以才在玄關擺放鞋子，裝出家中有男人在的樣子。臣子突然衝出屋外，大聲地喊道：「啊！太便宜了！太便宜了！」不明所以的母親問他：「什麼事情讓你大喊太便宜、太便宜呢？」於是他就把花錢買智慧的原委告訴母親，他說：「花了五百兩金子所買回來的這個智慧，讓我冷靜沒衝動，保住了母親和妻子兩人的命，沒釀成悲劇，真是太便宜了！」此喻讓我們體悟到有豐富人生經驗者智慧之語，已極為寶貴，何況是覺者的聖言，所以佛說一句偈千金不能比。

鳥窠禪師所說的佛法大意，就是〈七佛通戒偈〉之內容，為過去七佛共同教誡，也可以說是佛法修行的總綱，因此我們若欲獲得今生的幸福，就應奉行諸佛的教誨，於日常生活當中落實深信因果、積極地廢惡修善與恢復清淨心。我們為了要深信因果，應先了解因果的道理，進而才能精勤於廢惡修善；為了能廢惡修善而修習善行和善法；為了恢復清淨心而修習無上深妙禪。本書將陸續於第四章敘述因果的道理，第五章說明五善行，第六章闡述如何修習善法，而於第七章說明如何修習無上深妙禪。

怎麼栽

為了今生之幸福美滿，一般人會去追求名、利、健康、長壽與

善終等，希望能五福臨門，五福是指長壽、富貴、康寧、好德和善終。長壽是要活得久；富貴是指財富足且地位尊貴；康寧是健康又能心靈安寧；好德是心地寬厚，喜好行善；善終是指命終時能預知時至，沒有遭遇橫禍，身無病苦，心裡沒有罣礙和煩惱，安詳自在地離開人世間。其實，五福當中有因也有果，好德是因，其他四者是果報，好德是五福中最重要的一福，一個人宅心仁厚，勤於行善，這是一生中最幸福，受用不盡的，因為其能帶來長壽、富貴、康寧和善終。可以說，好德是一切快樂和幸福的泉源；行善積德是一切好運和福報的根本，因此我們為了獲得幸福須在因緣上下功夫。因緣果是大宇宙的真理，當「因」和「緣」會合時，一定會產生「果」（如圖1）。「因」什麼時候產生「果」，常決定在「緣」，

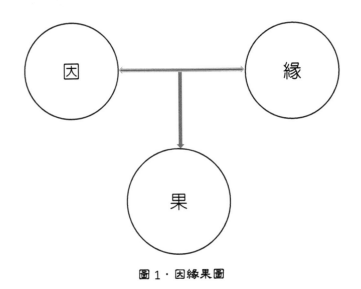

圖 1 · 因緣果圖

如果沒有緣，果就不會產生，若是善因與善緣會合，果就是善果；惡因與惡緣相遇，就是惡果。所以，會使因成為果的，是「緣」，一般稱為「條件」。比如種果樹，生成這果樹的種子是「因」，使這棵果樹生長的泥土、空氣、陽光與水分等輔助條件就是「助緣」，經過一段時間，長成果樹，再開花、結水果，這是「果」（因果的道理詳見第四章）。同樣的道理，比如長壽的因是不殺生、護生；長壽的緣是好的空氣、好的水質和食物等；而得到健康長壽是果。雖然人人希望善終——安詳地離開人間，但是平時不行善積福的人，臨終時可能會很掙扎痛苦、汗流不止。[10]善終絕對不能憑僥倖，善終跟過去的善業有關，但還要有我們今生的好德、善心和寧靜的心靈，我們若能平時多念佛和行善積德，臨命終時便會得到自在。因此，我們欲求享有好的果報，而其根本正因就是行善積德、心靈能量之提升。俗話說：「一命二運三風水，四積陰德五讀書。」我們如能理解這句話的真正意涵，也就掌握了改變命運的鑰匙，此句話的重點在後面：「四積陰德五讀書」，我們對於命相、風水之術，既不否定也不肯定，因為他們雖有一定的道理，但並不是絕對的真理，可信但不足以迷信，可不信，不信亦無大礙；所以，佛陀禁止弟子們從事星相、風水、卜筮等的行為，但也沒反

---

[10] 證嚴上人講述，《法譬如水——慈悲三昧水懺講記》中篇，慈濟文化，2011年8月。

對其存在。[11]其實，真正的地理風水是：熱心開朗是良好的陽光；思路通達是良好的通風；能展望未來是良好的視野；成佛之道是良好的通路，這也是內心最好的龍穴。[12]讀好書更是關鍵，尤其是讀聖賢書及善知識的教導，才能擁有智慧，以作好人生的各種抉擇。

著名的《了凡四訓》一書是命運可以改造的明證。袁了凡於三十七歲時遇見雲谷禪師，雲谷禪師教導他改造命運的方法是知過改過、修福積德、持準提咒使心清淨以超越宿命，了凡依教奉行，因而改造了命運。因此我們可以體認到：人人可以透由修習佛陀的教法，以改造命運，而擁有幸福快樂的人生。當然除了勤於行善積德之外，若能學習善於生活和善用幸福的祕訣，以創造好的因和緣，即可速增今生的幸福。今生幸福的祕訣有許多，比如耕耘最勝福田、存好心、四神湯、四句真言、轉念、開心、四它、人際妙方和培養好習慣等等，將在下一章加以闡述，接著再於第三章說明佛陀有關善於生活的教導。

一舉兩得

在兩種幸福中，絕對幸福才是永恆的、不變的幸福，它才是我們人生追求之真正目的；相對幸福並不能被視為真正的幸福，因為

11　聖嚴法師講述，〈佛教對於命相、風水的看法〉。
12　星雲大師著，〈人間萬事〉，《星雲大師全集》，佛光文化。

它是無常變化的、非永遠的，總有一天會失去的。辭世詩是日本的一種文學形式，一般是指在即將離開人間時所詠誦的詩、偈、歌和發句等。最著名的是一生奉獻於戰場的戰國名將們，當他們意識到自己的生命即將終結時的感觸所詠出的詩句。例如，德川家康在關原之戰中贏得了勝利，統一日本，登上征夷大將軍的寶座，最終官任太政大臣之高位，但在辭世詩中說：「人的一生，如負重荷行遠路。」可見他取得了天下也沒有得到滿足，還是沒有放下重擔，一直痛苦著，在日本歷史上，其與豐臣秀吉、織田信長並稱「戰國三傑」。豐臣秀吉曾擔任當時日本朝廷最高官位，並最終成為日本實際上的最高統治者。雖然他已追求到一般人相當羨慕的相對幸福，但卻於辭世詩中表達「不驕傲的人，也無法長久。像朝露一般消逝。難波之繁華，猶如夢中夢」的感慨。織田信長曾任右近衛大將，與幕府將軍足利義昭的地位對等，被稱為「上樣」，這相當於朝廷已承認他為「天下人」的地位，但其在臨終前，唱著一首描述內心傷感的和歌：「人生五十年，與天地長久相較，如夢又似幻；一度得生者，豈有不滅者乎？」隱含了人生不知真實目的，只追求所謂的豐功偉業，到頭來萬般帶不走，實在令人惋惜！此三傑比一般人擁有優越的條件，如果能夠同時追求獲得絕對幸福，就可以過一個沒有懊悔的人生。《金剛經》云：「一切有為法，如夢幻泡影，如露亦如電，應作如是觀。」世間一切一切，猶如作夢虛幻不實，如水泡、朝露、閃電，瞬頃即逝。我們的生命與所有的一切也

25

是如此的脆弱、短暫，如此的無常，應如是觀照、定解，而努力追求真實。[13]

今生的相對幸福雖然是短暫的，但是我們還是要盡量設法擁有此種幸福，因它是達成目的之手段，其有助於我們獲得絕對幸福（真實），即藉假成真。為什麼有所助益呢？因為擁有相對幸福的人有較好的條件，比如有較多的時間聞法、念佛、讀經、行善及從事其他有益身心靈之活動等，因而有助於得到兩種幸福。另外，擁有較高相對幸福感的人，也比較不會因為煩惱或痛苦而退失對修習佛法的信心。如果我們能將佛法運用於日常生活中，除了今生可獲得絕對幸福之外，同時又能增進相對幸福。例如我們修習無上深妙禪，不但可依佛力獲得絕對幸福，並且可以透由念佛以攝心而生定，由定而生智慧，我們就能妥善地處理所面臨的人生問題及作好各種抉擇，因而增進了今生的相對幸福。

《無量壽經》云：「吾誓得佛，普行此願，一切恐懼，為作大安。」彌陀在因地時發大弘誓願令眾生得到絕對幸福，彌陀早已成佛，誓願已經成就了，我們只要信受彌陀誓願，絕對幸福就可以決

---

13 無常是宇宙人生的真理。以物理學而言，宇宙世間一切事物沒有一樣是靜止的，既然是變動的，就是「無常」。因此，《八大人覺經》說：「覺悟世間無常，國土危脆。」《阿含經》也說：「積聚皆消散，崇高必墮落，合會要當離，有生無不死。」例如，風災、水災、火災、地震、瘟疫（病毒）、旱災、戰爭、老、病、死等是常見的無常現象。

定，因而得以大安心、大滿足，使今生幸福感隨之增加，一舉兩得，詳見第六章至第八章。

第二章　今生幸福的祕訣

HAPPINESS A

存好心、轉念與開心的方法各是什麼？

為什麼要視人如己如母呢？

如何善用四攝法？

為什麼父母是世間最勝福田？如何盡孝道？

從佛陀的一日生活中，可以啟發我們養成哪些好習慣？

今生幸福的祕訣中，有哪些可用於幫助我們解決問題？

耕耘最勝福田

　　孝養父母，其福與供佛無異，為世間最殊勝福田。若能孝順父母，不必四處祈求，則可獲得最大的福報。古訓有云：「百善孝為先。」孝順父母為世善之首，若能行孝，而且拜佛，則可獲得殊勝福報。父母恩重難以報答，如《涅槃經》云：「我母受大苦惱，滿足十月，懷抱我身，既生之後，推乾去濕，除去不淨，大小便利，乳哺長養，將護我身，以是義故，我當報恩，色養侍衛，隨順供養。」此經描述了母親的深重恩德，並勸我們盡孝以報恩。又佛陀在《父母恩重難報經》裡更詳實地說明了一般人無法想像之父母深恩：「有一次佛陀在舍衛國祇樹給孤獨園精舍，與大比丘二千五百人，菩薩三萬八千人聚集，佛陀引領大眾南行，忽然見到路旁有一堆枯骨。這時，佛陀至誠恭敬地向這堆枯骨五體投地頂禮跪拜。阿難見到此情形，合掌請問佛陀：『如來是三界導師，四生的大慈悲父，是眾生所皈止敬重的人天師，您為何還要頂禮跪拜這堆枯骨呢？』佛陀告訴阿難及大眾說：『這堆枯骨，是我前世的祖先，多生的父母。因為這個緣故，所以至誠頂禮跪拜。你們現在將這堆枯骨分作二堆，若是男骨，色白且重；如果是女骨，色黑且輕。』阿難疑惑的問：『世尊！為什麼男骨是色白且重，女骨是色黑且輕呢？』佛陀回答：『男子在世時，常到寺院聽經聞法，禮拜三寶，稱念佛號，因而骨頭是色白且重；而世間女子，由於愛情，把生男

育女，認為是她的天職。每生一個小孩，須用乳水養命，乳由血變成，所以身體憔悴，死時骨頭是黑色的，重量也較輕。』阿難及大眾聽到這些話，心如刀割，垂淚悲泣的問：『世尊！母親的恩德要如何報答呢？』佛陀說：『母親有許多恩德是無以回報的。……母親至少有十大深恩：第一是母親懷著胎兒，百般照顧、保護的恩德。第二是母親分娩時受盡極大苦痛的恩德。第三是雖然為子受盡折磨，既產得愛兒卻忘了為子所受的一切憂苦的恩德。第四是為哺食愛兒，盡以美味餵兒的恩德。第五是為使幼兒安睡，寧可自己少睡受凍的深恩。第六是以乳哺兒，兒肥母瘦的深恩。第七是為兒洗滌不淨，不惜玉手汙染、不怕皮肉龜裂的深恩。第八是子女若遠行，母親依門遙望，擔憂、流淚、掛念的深恩。第九是願代小孩受苦，無限體恤愛憐的深恩。第十是母親愛兒女之心，從小孩出生到兩眼閉上，不能再照顧了，這份愛仍永無休止的深恩。』[14]」因此，我們孝養父母的主要目的是為了要報答父母的深恩，亦同時希望長養我們的感恩心和慈悲心（高意識等級），並帶來福報。我們願於父母在世時及時行孝，才不會有「樹欲靜而風不止，子欲養而親不待」的遺憾。如果雙親已不在，則可祈求彌陀佛力加持或透由行善（如布施）及隨喜他人孝養父母等功德利益迴向給父母，以報親恩。這裡有幾則佛陀的教誡，可以時時提醒我們：（一）於諸世

---

[14] 出自《父母恩重難報經》。參考〈父母恩重如山〉，《佛典故事》，中台世界。

間，何者最富？何者最貧？悲母在堂，名之為富；悲母不在，名之為貧。悲母在時，名為日中；悲母死時，名為日沒。悲母在時，名為月明；悲母亡時，名為闇夜。是故汝等勤加修習，孝養父母，若人供佛福等無異。應當如是報父母恩。[15]（二）依慈父悲母長養之恩，一切男女皆安樂也。慈父之恩，高如山王；悲母之恩，深似大海。[16]（三）眾僧者，出三界之福田。父母者，三界內最勝福田。[17]（四）父母眾僧，是一切眾生兩種福田。所謂人天泥洹解脫妙果，因之得成。[18]（五）凡人事天地鬼神，不如孝其親矣，二親最神也。[19]（六）孝順父母師僧三寶，孝順至道之法。孝名為戒，亦名制止。[20]（七）於父母所，少作供養，獲福無量；少作不順，獲罪無量。[21]因此，我們願謹記：孝養父母可獲等同於供佛之福；父母為三界內最勝福田，少許的供養，就能得福無量；事天地鬼神不如行孝；父母大恩如山王、似大海，難以報答，深切體悟而勤盡心於行孝。

　　一般「孝道」，從佛教的觀點而言，可分為三等：第一種是最基本的，就是對父母盡孝養之道，使父母在日常生活當中沒有衣食

15　出自《心地觀經》。
16　同前註。
17　出自《大方便佛報恩經》。
18　同前註。
19　出自《四十二章經》。
20　出自《梵網經》。
21　出自《雜寶藏經》。

的憂慮，同時滿父母的心意，不違逆他們，表現對父母的既愛又敬，這是為人子女最基本應盡的孝道。第二種，是中等的孝道，就是本身能夠立言、立德、立功，來光宗耀祖。這二種孝道，在世間人的觀念，已經非常孝順了，使父母不平白生下這個兒女。然而，佛法是從三世因果、善惡果報、六道輪迴來看人生，也以這樣的觀點而論什麼是孝、什麼是不孝。如果依佛法來講，前面那二種孝，只是一般人所謂的孝，還不算是真正的孝，而是必須使自己的父母、祖先，徹底的脫離六道輪迴，才是真正的「大孝」，前面兩種就是「小孝」跟「中孝」，這兩種孝是不圓滿的，我們如何做才能達到第三種圓滿的孝道呢？就是除了父母在世的時候，盡到孝養、孝敬、孝順外，進一步以各種方法來引導父母、親人學佛。讓親人曉得每個人都會隨各人的善惡業而流轉、投胎轉世，死後也並不是一無所有，沒有解脫還要繼續輪迴，而且它的時間很漫長。要讓父母、親人了解這個道理，使其能學佛。[22]盡孝道不但可以報恩及獲福，還能培養我們的慈悲心，因為我們要對一切有情眾生起慈心，須修知母、念恩、報恩三者。先修知母，思惟從無始以來，輪迴受生無量無邊，沒有不曾受過的身，沒有不曾投生過的地方，因此也找不著一個不曾做過自己母親等具深恩的有情眾生。這樣思惟後，要對「一切有情都曾是我母親（如母有情）」這件事，取得堅固不

22　慧淨法師講述，〈生活教育〉，《慧淨法師法語》，中華淨土宗協會。

移的定解，若對「如母有情」生起了定解，那接著要修的念恩、報恩就容易生起。我們透由專心深觀，好好地思惟母恩後，若念恩之心能真實生起，接著就可以緣父親等其他親友作如是觀修，就像前面所說憶念母親恩德一樣地修，使感恩之心能強烈生起，再下來，慢慢推廣修習，將對象擴大。所以孝養父母是修習慈悲心的基礎，做到了孝養父母，才能推己及人，再向外擴大。因此孝養父母，是德行的根本，一切教化都是從這個基礎而產生出來的，如在《孝經》裡開宗明義所說：「夫孝，德之本也，教之所由生也。」

存好心

力行「三好」者，由於能令三業（身口心）清靜，因而帶來好命運，使人生幸福快樂。如《三好歌》歌詞說：「人間最美是三好，做好事，說好話，存好心。平安就是我們的人間寶，人間最美好是三好。做好事，舉手之勞功德妙；說好話，慈悲愛語如冬陽；存好心，誠意善緣好運到。三業清靜真正好，實踐三好最重要。」[23]「三好」中以「存好心」最重要，因「心」是主宰（如圖2），這三種行為（三業），主要源自「心」之作用。所謂存好心，就是修心，淨化我們的意念。把愚痴的邪心，轉成慈悲智慧的佛心；譬

23　星雲大師作詞，《三好歌》。

如，不要有疑心、貪心、瞋心、嫉心與惡心，而要懷著善心、慈心、悲心、願心、發心和感恩心等，我們要隨時覺察念頭，使念念是善心，也就是意善，自然所遇的都是善緣。[24]印度高僧阿底峽尊者在一天中，不管誰碰到他幾次，他總會問：「生善心否？」可見我們隨時生善心相當重要。我們若能時常生起善心，就可以灌溉阿賴耶識裡的正面種子，使負面種子不會現行。同修善友亦可以常常相互提醒：「你生善心了嗎？」使彼此能擁有存好心的習慣。大修行者奔公甲為了更清楚地覺知自己的起心動念，就在牆上做記號，若是善念，畫一個白圈；如果起惡念，則畫個黑圈，幾個月下來，他就一直做此一件事。有一天，他的老師來看他，問他最近做些什麼？他就將自己用功的情形如實報告，他的老師聽了，直稱道：「啊！對！對！」並對著滿滿黑圈與白圈的牆壁磕頭。人人都會有念頭，當念頭生起時，要能分辨是善或惡的念頭。覺察好的念頭就去做，這是積功德；不好的念頭就轉化，這是消業障。[25]《信心銘》云：「不怕念起，只怕覺遲。」[26]這兩句話常被用來提醒我們應隨時覺察自己的念頭。一般人在日常生活中要做到沒有一點惡念並非易事，但一發現有惡念就要立刻生起善念，如此的話還是個好人，也是能夠提升心靈能量（意識等級）的人。

---

24 星雲大師著，〈三好〉，《佛法真義》1，佛光文化。
25 證嚴上人講述，〈對待惡念該如何是好〉，2012年8月15日。
26 僧璨大師著，《信心銘》。

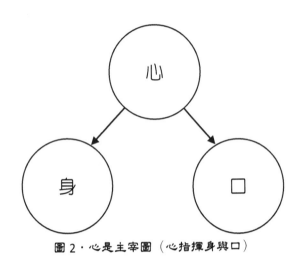

圖 2・心是主宰圖（心指揮身與口）

　　哈佛大學的心理控制實驗中，最為著名的是心理學家丹尼爾・魏格納（Daniel M. Wegner）的白熊實驗，該實驗的發現，曾以〈思想、語言和行為為何沒有最壞，只有更壞〉為題，發表在2009年頗具權威性和影響力的世界頂級的《科學》（Science）學術期刊上。其研究結果顯示擾人的念頭為什麼在侵入人的腦子後就揮之不去，以及為什麼有些人不易揮去這些念頭，並解釋執念產生的歷程，經過後人多次重複實驗，都得到類似的結果。例如，我們會這樣對自己說：「我要忘記那些討厭的不好回憶或壞念頭！我要成為一個嶄新的自己，一定要緊抓著幸福絕不鬆手！」然而，結果卻總是不如人意。越是想要消除它，反而越會使它反覆出現，並且更是鮮明存在。想壓抑惱人的念頭雖然有可能，但要做到實在很難；而且越強

制壓抑，因等到不再壓抑時，念頭反而出現得越頻繁，許多心理學家稱之為白熊效應（White bear effect）。壓抑念頭和覺察是完全相反的。心理學家認為，由於壓抑念頭需要刻意為之，所以無法持續太久，而覺察較不花力氣。依據科學研究所得結論是：「刻意壓抑惡念，只會讓它更加頻繁出現；不想產生惡念頭，那就換個想法。」[27]我們可以利用其他事情轉換惡念，不讓頭腦閒著，如此基本上是很有效的，比如不用壓抑惡念頭，只要覺察不要理它，再以一心念佛或生善念（如專注念著「謝謝你」、「我愛你」或生起慈悲心、歡喜心等）來轉化它，好比開啟燈光，黑暗自然消失。

日本江本勝博士，以高速攝影技術來實驗觀察探索，意念波動和水結晶變化關係，發現水在愛、感謝、善良、神聖等高意識等級之良善訊息或善意念中，呈現完美無暇之結晶；反之於怨恨、痛苦、詛咒、焦躁、惡言等低意識等級之不良善訊息或惡念中，呈現醜陋之結晶。[28]由江本勝博士的實驗發現可知，我們應以愛心和感恩心來面對這個世界，因為人體有70%水分，地球可以說是水球，以愛和感恩去面對世界，不但可使自己身心健康，而且世界也一定會善待我們的。

---

[27] 李東龜著，李煥然譯，《每天來點心理學，揭開隱祕的人性關鍵字》，大好書屋，2022年1月。

[28] 江本勝著，《生命的答案，水知道》，如何出版，2002年9月。

如己如母

我僅是由「非我」的元素所組成的,即植物、動物、礦物和水等所構成,多生以來,我們生生死死,死死生生,生為身體;死了由身體成為塵土,植物吸收泥土養分成長,動物食用植物,人再去食用植物、動物而長大,將來身體死亡了,又歸於大地塵土……,累劫以來如此循環不息,因此植物和動物之中有你我;你我之中有植物、動物,我之中有你,你之中有我,無法分彼此。[29]另外,修習視人如己(無我執)的方法有三:第一、隨他所喜之意,成就他人。例如,把自己所擁有,分享給需要的人。第二、隨他所喜之意,成就自己。如接受他人的歡喜贈與和布施,縱使是自己不需要、不喜歡的事物,亦慈悲受之。第三、隨己所喜之意,成就他人,如熱心助人、樂善好施等,此即歡喜、慈悲施。所謂的「隨所喜之意」是善意,即隨喜行善之意,而無有我執,並且以他人的歡喜心為前提,善護念他人,如果能「把自己當成他人,把他人當成自己」,自然會與他人分享,乃至以他人之樂為己樂,他人之所好如己好,果能如此,便能開闊自己的心胸,達到視人如己的境界。[30]

---

29 一行禪師講述,〈《金剛經》中的四相〉,2011年2月10日,YouTube
    視頻。
30 見紋法師撰,〈視人如己〉,《中台山月刊》,107期。

《梵網經》云：「一切男子是我父，一切女子是我母，我生生無不從之受生，故六道眾生皆是我父母。」明示我們與有情眾生生生世世有密切親子關係。在佛陀教言中，「視一切眾生如母」是生慈悲心（也是發菩提心）最便捷的法門。因此我們願深切的體認，除了周遭的眾生外，還有許多在受苦的眾生，也是我們過去世的父母，為了這些還在受苦的親眷，為人子女怎能不盡孝道，利益他們。生活當中，我們可曾用心深觀？因為我的執著，不但讓自己心量變得狹小，生活更是不得自在。若能視一切有情是我父母，以平等心、慈悲心（高意識等級）對待，就會發現這念心更能自在無礙。

總之，如果我們能視一切生命平等無二，人飢己飢，人溺己溺，常發菩提心，則可與道念相應。[31]由於人與人之間，人與宇宙萬物之間都是無法分割、相互依存的，彼此都是對方的一部分，如能視人如己如母，凡事能設身處地為他人著想，將心比心，感同身受，那麼我們的人際關係必然和諧（高意識等級），社會也隨之祥和安樂。

31　虛雲老和尚講述，〈提起道念〉，《祖師法語》，中台世界。

四神湯

　　我們發心度化他人，有佛法就會有辦法；體悟了道理，還要於平常用愛去鋪路，此路方能走得通暢。我們願以「四神湯」提升自我心靈能量（意識等級），因知足是最大富；感恩是最大貴；善解是最大智；包容是最大慧。能「知足」，才不會開啟貪念導致貪得無厭，而容易掉入陷阱；能「感恩」，自然與人合作和互助互愛（高意識等級），力量倍增；能「善解」，以大智慧分辨是非作抉擇，就不會煩惱、顛倒，活得自在；能「包容」，以慈悲心平等觀，兼容天下萬物，就不受愛恨情仇所束縛，因而普天之下沒有不愛的人、普天之下沒有不能寬恕的人。[32]

　　善解的人通常願站在他人的立場考慮問題本質、深觀問題發生的原因，要善於換位思考，說話留有餘地。用真誠心向對方表示理解，願耐心地聆聽。婉轉地表達出自己的看法，但是在說話時會避免使用尖酸、刻薄和諷刺的話語，並從關心對方、尊重對方的出發點講話。我們要想學會「包容」就要先學會「善解」，也只有學會「善解」他人才能做到「包容」。「善解」是理智上的理解，「包容」是行為上的行動。我們都知道，每個人不僅相貌不同，思想的模式、觀點也都不盡相同，因此我們待人處事宜站在無我的觀點，

32　證嚴上人講述，〈用「四神湯」改變體質〉，慈濟電子報，2014年7月1日。

無我的觀點並不等於放棄自我，而是包容他人；以大家的觀點或意見來包容他人，這就是無我的觀點。換言之，無我的觀點是允許任何觀點或任何現象的存在，並且明白任何舊觀點都會改變，任何新現象也都可能出現。[33]

如果我們想要在日常生活當中，處於自在、幸福和安樂裡，就必須做到兩個基本原則：「少欲」、「知足」。唯有少欲知足，我們才不會汲汲營營地追逐各式各樣的慾望滿足，也才不會怨天尤人，埋怨外在的環境不如人意。但是少欲知足的真正意義，並不是要我們放棄現實的生活。雖然自己要做到少欲知足，仍然願對他人提供服務，奉獻所有的智慧和能力。為了對他人服務，就要盡量使自己成長，不但要使自己身體健康、滋長智慧，同時也要培養幫助利他的慈悲心。一個擁有利他慈悲心的人，就不會太過於重視私慾的滿足，才能做到少欲知足，而得到真正的快樂。[34]培養慈悲心的方法，除了修習前述的知母、念恩、報恩，並常常思惟他人如己如母之外，還有其他方法。例如，成為一位有慈悲心之人的方法是：先修習「向內觀照」，覺察自己的心理狀態和身體的感受，不是一直看著別人，並要求其改變，當有煩惱、痛苦時要從內心下手，無論外面是好還是壞，只要先安定自己的心就不會受影響、不會有生氣和不安，觀照自己的起心動念，心本來是沒有煩惱的；是因自己

33　聖嚴法師撰，〈包容才能溝通〉，天下雜誌182期。
34　聖嚴法師撰，〈少欲知足真快樂〉，2011年3月。

心動了才產生了煩惱的，當心的煩惱越來越少，那麼愛心（高意識等級）也會越來越強，慈悲心（高意識等級）也會越來越大，所以慈悲心是需要培養的，也需要用佛法來向內觀照和自我消融的，如此慈悲心一定會漸漸增長。[35]

我們在修習知足之同時，亦可透由「找好處念恩德」以建立起好的觀念和習慣，從而使心常存感恩。所謂「找好處念恩德」就是用心觀察他人對我們的付出與關愛以及他人的優點（好處），思惟他人所做的，同時對其生起感恩心，並見賢思齊。由於人通常會依著自己的慣性和觀念去看待事物、去衡準他人，因而產生了恩恩怨怨，而生起了煩惱。所以我們願建立起正確的觀念和習性，以體諒他人和看待所有的人：（一）看他人的好處（優點），他人不一定有益，但自己一定有益；看他人的過失，他人不一定受害，自己一定受害。看他人過失，真正傷害的是自己，因為徒增自己的煩惱。（二）找好處是收陽光，心溫暖，得好能量；看人缺點是存陰暗，心不喜，會傷身體。（三）當行有不得，先反求諸己，才不會習於察看他人的過失。看他人的過失是痛苦的根本，看自己問題可以將痛苦轉化，進而幫助他人。見賢思齊；見不賢內自省。

找好處念恩德的方法有四，第一、找好處（優點）的方法是：（一）聚焦優點，映蔽缺失。（二）人非聖賢，孰能無過；過而能

---

35 聖嚴法師講述，〈如何培養有智慧的慈悲心〉，（聖嚴法師—大法鼓 0660）DVD，2015年5月25日。

改，善莫大焉。自己的過失也不少，但他有的優點我卻沒有。（三）人人都有好處，正面找不著，從反面來找。第二、修習念恩德的方法，念恩德有三個方面：（一）顯而易見的恩德。（二）觀察可見之恩德。（三）用心看逆境中之恩德。第三、勤修隨喜、讚美他人。第四、轉念，包括有：（一）將心比心。（二）發現他用心的地方。（三）發現他對整體的好處。（四）成就我成長。

「四神湯」是由「知足」、「感恩」、「善解」和「包容」四種「善心營養素」合製而成，是專門處理人與人之間人我是非的一帖有效的藥方，也是日常生活上可怡然自得的良方。四神湯非常有益身心，我們可隨時帶在身邊飲用，因四神湯藥性溫和，是一帖適合人人食用的藥方。雖一人服用，卻可自己及他人獲益。

轉念

如何擁有幸福快樂的人生？轉念，人生就會不一樣！現代人很重視身體之養生，但常常忽略掉了心也會不舒服。情緒管理係從自我覺察開始，養成內觀自省的習慣，通常人的情緒來自於慣性的把責任推卸給他人，相反地，我們願先反省自己，修正調整自己，修行就是修正想法和行為，要知錯能改，如孟子所說：「行有不得，反求諸己。」接著，能善於觀察因緣，思索每一件事情來龍去脈，了解因緣的緣起緣滅，就懂得往好處想。人若有正面的心態，正向

思考的話，不好的事情都能轉為好事。只有自己轉念，換個想法或看事情的角度，心情就會平和安祥（高意識等級）。[36]

　　我們想學會轉念，首先要瞭解什麼是轉念及心念的重要性，進而學習如何轉念。多年來的許多科學家研究了意識的作用與它可以怎樣直接的影響物質世界。許多的研究都清楚的證明：意識跟我們認為的物質世界，是直接的結合在一起，人的意識、念頭具有影響力。物質怎麼形成的？物質是由意識、念頭累積連續的現象變成的。現代科學，對於現象觀察得相當透徹，物質的存在，只是波動的現象而已。量子力學，可以幫助我們理解經上講的道理，也可以說科學為佛經做了個證明。[37]量子力學是廿一世紀人類科學發展以來，最成功地探討了「意識」與「宇宙」的相互關聯性。而最令人感到驚訝的是，它所揭露的「心念不可思議的力量」，與佛法的智慧如出一轍。[38]所謂的轉念是用更開闊的角度看待事情，人際溝通成敗的關鍵，端看能否跳出個人認知是非的框框。人們由於教育背景和認同文化的不同，對同一件事會有不同的看法與想法，也許事情本身並沒有對錯。許多紛爭，就是為爭個我對你錯，其實溝通，

36　慧寬法師講述，〈「轉念」人生就會不一樣！〉，人間通訊社，2011年9月1日。
37　淨空老和尚講述，〈量子力學與佛法的應用〉，《淨空老和尚講演集》。
38　盧國慶（副教授）撰，〈從量子力學與佛典智慧看心念的力量〉，《慧炬雜誌》586期。

貴在能否跳出個人所設定的對錯框框。念頭及語言的力量是影響轉念非常重要的因素，因念頭所產生的心念會影響能量的流動，而能量的變化只是轉化心的方向，想創造好的、健康的能量場，好的、正向的心念非常重要。此外，言語也會影響能量的流動，因此說好話也很重要。[39]

　　心念就是最大的吸鐵，心念放在不好的地方，就會吸引更多不好的；放在好的所在，就會吸引更多好的。因此，我們要開始把注意力放在想要的。比如要有感恩心，那會吸引更多可以感恩的事情；要有隨喜心，看到有好的事情發生，我們跟著歡喜，那會吸引更多好事情上身。要學會說謝謝，不管什麼事情發生都說謝謝，因為現在的際遇都是以前的習性或宿業吸引來的，要如此轉念，去吸引更多可以說謝謝的經驗。同理，在給予的當下，能量是增加的，能量場是擴大的。而且，當出於愛心（高意識等級）、無所求的給予，那樣的能量是無限的。至於如何解除心理創傷呢？轉眼睛是一個有益的方法，回想此件事或人，觀想面前有一個鐘，眼球順時鐘轉三下，再逆時鐘轉多次，轉十到十五分鐘就會改善，且此法亦有助於睡眠。我們的快樂，可由自己來作選擇。人心跟大自然也是共振的，我們的康復力量是很大的。人心是可以改變環境的，而且兩者之間互相影響。當個別的心念變成祝福、愛和感恩（高意識等

---

[39] 許瑞云（醫師）講述，〈轉念，與自己和解〉，人間通訊社，2017年8月11日。

級），變得正向，外在的環境就會跟著變好。[40]念頭及語言會影響人的心念，而有正確的見解才會帶來正確的念頭、言語和行為。

我們願依據佛法的正知見，再參考其他好的見解或專業知識來轉念。這裡有幾則可以幫助我們轉念：（一）我們不要以為念頭是無形無相，未曾現諸於形相。其實外在所表現的一切，都是由內心所發動的。心可以轉變外境；心念一動，山河大地都會隨之而動。[41]如《華嚴經》云：「若人欲了知，三世一切佛，應觀法界性，一切唯心造。」又云：「心如工畫師，能畫諸世間。」《大乘起信論》亦言：「心生種種法生，心滅種種法滅。」（二）我們真正的敵人是無明煩惱（貪瞋癡）、觀念上的執著，以及錯誤的認知，透由觀照自心，修習慈悲地溝通對話，就能將誤解與憤怒轉化為理解和愛。[42]（三）維護身心靈整體健康是重要方向，因彼此交互作用，互相影響，缺一不可。我們的認知、想法、情緒、感受，甚至內臟的活動等各種訊息，都可能產生念頭而影響心念。心念與情緒是造成疾病的重要原因，同時也是療癒疾病、恢復健康的關鍵所在，尤其任何的起心動念（心念）都會瞬間和身體連結，而心念往往也是引發疾病的源頭，應予以重視並加以改善。依據醫療臨床和

---

[40] 參考雷久南（博士）撰，〈正向心念 吸引好事上身〉，《天下雜誌》434期，2009年11月4日。

[41] 星雲大師撰，〈星雲說偈 照顧念頭〉，《人間福報》，2013年12月27日。

[42] 一行禪師著，張怡沁譯，《怎麼吵》，大塊文化，2011年4月。

照護經驗，大部分的疾病或身體的疼痛，都與心念有關。若病人能夠改變心念，或是適度地轉化負面情緒，即使是難以治療的頑疾或重症，馬上就能獲得改善，逐漸痊癒。心是主宰；所有的起心動念，都牽動著個人靈性、身體、心理，以及外在周遭的能量場。[43]

（四）其實自己的情緒完全是自己的問題，跟他人無關。不是因為失去或改變帶給我們痛苦，而是抗拒失去或改變才會帶來痛苦。當這一條路走不通時，不用執著，應試著換另一條路走。[44]（五）如果因為他人而令自己不快樂，那是自己的錯，不必那樣做。自己才是唯一可以造就快樂的人。幸福快樂感是可以藉由冥想時，想到一些讓自己快樂的事，而得到感應的。[45]（六）快樂是一種選擇，我們可以在任何時刻、任何地點和狀況中做這種選擇，因為每一項經驗都可以被建構出一種正面的意義，我們可由任何人、事、物上汲取快樂。自己是否快樂決定於自己的思想，而非環境。（七）對抗壓力的最大武器是我們有能力選擇一種想法而不是另一種想法（The greatest weapon against stress is our ability to choose one thought over another.）。[46]人的思想、見解會影響念頭、心念，由於心念有

43　許瑞云，鄭先安（醫師）著，《心念自癒力：突破中醫、西醫的心療法》，天下文化，2021年5月、許瑞云，鄭先安（醫師）著，《心念自癒力，逆轉慢性病：21世紀最新心念醫學》，天下文化，2022年6月。

44　許瑞云（醫師）著，《哈佛醫師心能量》，平安文化，2014年6月。

45　哈若德‧麥克義著，陳瀅譯，《專注心的康復力量》，琉璃光出版，2014月6日。

46　美國哲學與心理學家威廉‧詹姆士（William James）智慧之語。

不可思議的力量，因此一旦察覺惡念，可以運用轉念或念佛成為淨念將它轉化。

我們願修習「找好處念恩德」，因其對於轉念有很大的助益。譬如，對父母有不滿時，試著反省自己，然後去找父母對我們的愛和付出，因為不論父母用什麼方式表達，都是出於對孩子的愛。我們可以用同樣的觀念、方式去跟伴侶、孩子、同學和朋友相處，如果能夠做到的話，各種人際關係自然會變好。

《六祖壇經》云：「煩惱即菩提。」人若能覺察煩惱並加以轉化，即是一種覺悟。當我們看蓮花時，必須看到它裡面的汙泥，不用怕煩惱，因有汙泥才能栽種出蓮花，我們亦可以將煩惱予以轉化。某禪師雲遊四方時，有一次借宿在一個老婆婆家裡。一連好幾天，常聽到老婆婆不停地哭，禪師心裡納悶，就問她道：「你為什麼不停地哭呢？可否讓我了解？」老婆婆說：「我有兩個女兒，大女兒嫁給了賣布鞋的，二女兒嫁給了賣傘的。天晴時，我就想到賣傘的小女兒一定沒好日子過；下雨時，我就想到大女兒的布鞋一定賣不出去。因此我每天為她們流淚。」禪師說：「原來是這麼回事，你這樣想可不對啊！」老婆婆說：「母親為女兒擔心，有什麼不對呢？我明知道擔心也沒用，但是我還是控制不了。」於是禪師開導她說：「為女兒擔心本沒有錯，但是你為什麼不為女兒開心呢？你不妨天晴時就想到大女兒的布鞋店生意一定很好，下雨時就想到小女兒賣的傘一定暢銷。妳應該天天為他們開心啊！」老婆婆

聽了禪師的話，一下子想通了。從此老婆婆不論天晴還是下雨總是笑咪咪的，哭婆轉變成為笑婆了。因此哭與笑只在一念之間；同樣的，苦和樂、迷和悟、聖和凡，淨土和穢土也是在一念之間。在日常生活中，無論遭遇任何困難挫折，心念一轉，馬上就是柳暗花明又一村的光明前景。正因為念頭可以轉變，只要我們懂得轉念，情況就會改變。

開心

我們可從小的地方、可被實踐的行動開始，幫助自己過得更開心。例如戶外正念行走（詳見第七章）、制定一個自己可做到的睡眠時間表、冥想或靜坐、對自己說些好話、放棄不良習慣、做自己喜歡的運動或休閒活動、凡事往好處想、閱讀有益的書籍、為自己設定說不的界線和寫感謝信等。[47]維克多・弗蘭克（Viktor Emil Frankl）是一位精神官能學及精神分析學教授，曾創作「意義治療法」而聞名於世，他說：「我了解到一個在這世界上一無所有的人，仍有可能在冥想他所愛的人時嘗到幸福的感覺，即使是極短暫的一剎那。」[48]因此我們可透由觀想或冥想自己歡喜的人事物，而

---

[47] Huffpost, "20 Ways To Be A Happier Person In 2020, According To Therapists", By Dominique Astorino, Dec. 30, 2019 | Updated Feb. 6, 2020.

[48] 弗蘭克著，趙可式、沈錦惠合譯，《活出意義來：從集中營說到存在主義》（Man's Search for Meaning），光啟文化，2012年3月。

令自己開心。開心是健康和幸福的泉源，只要心開就會開心。如果我們想一直保持開心，則應先具備開心的基本條件，即五善行（詳見第五章），接著懺悔改過，進而轉化煩惱，譬如以布施轉化吝嗇；以寬容轉化憎恨；以平等心轉化貪愛；以感恩轉化傲慢；以隨喜轉化嫉妒等。人的心如果鎖住了，要用開心鑰匙來開，開心鑰匙又是什麼？最徹底的辦法是找到那把鑰匙，我們什麼時候找著，這鎖就開了，無明煩惱就是一把鎖，我們若能把它轉化了，那就是有鑰匙了，無論我們用什麼方法，只要把無明煩惱轉化了，就是把鎖打開了，我們本有的智慧光明就現前了。[49]沒有無明煩惱的人，當然開心、自在和幸福。佛陀於菩提樹下，初成正覺，證悟到了宇宙人生的實相，佛陀所說的第一句話是：「奇哉！奇哉！大地眾生皆有如來智慧德相，只因妄想執著而不能證得。」佛陀所悟到的真理是所有眾生平等，人人皆有佛性，都可以成佛，只是現在我們有妄想執著，真如本性被無明煩惱，貪瞋痴三毒遮蔽住了，所以沉淪苦海，在六道裡輪迴，無法出離。我們用功修行，比如勤於念佛、持咒、誦經或打坐等，若能令清淨心現前，由於已無妄想執著，那就找到了那把開心鑰匙，心鎖也就開了。

49　宣化上人講述，《華嚴經疏玄談淺釋》，法界佛教總會，2016年2月。

四它

「四它」是指一種面對人生逆境時相當實用的程序，即「面對它」→「接受它」→「處理它」→「放下它」：（一）面對它，任何事物、現象的發生，都一定有它的原因，只有坦然以對，把它當做是一種處理危機的鍛鍊，或者是另一種讓自己成長的助力。面對是幸福的第一步。（二）接受它，人生難免有起伏波折，得失是很平常的事，人無法永遠處在順境之中，所以，遭遇逆境時，勇敢接受，這是一種智慧。（三）處理它，因果必須配合因緣。對於任何逆境，如果能夠改善它，當即予以改善；若不能改善，也不必灰心，應持續努力，以促成因緣成熟，還是有成功的機會。（四）放下它，如果經由仔細的考量，判斷因緣已不可能達成，那也只好放下它，這和未經由「四它」就放棄，是完全不同的。[50]

我們面對負面的情緒時，也可以運用「四它」來管理負面的情緒，第一步就是要面對它。面對它的具體方法是覺察到它的存在，比如喜、怒、憂、懼，或者是憤怒、難過、害怕、傷心等。當我們能夠面對情緒，不排斥情緒，就可以開始解讀情緒想告訴我們的訊息是什麼，情緒也反映了我們的期待，最終促成我們採取一些行

---

[50] 2006年6月3日台灣大學畢業典禮上，聖嚴法師以〈四它面對人生逆境〉為題，發表演講以勉勵畢業生。聖嚴法師講述，〈放下的幸福‧情緒管理智慧〉，2011年2月22日。

第二章　今生幸福的祕訣

動，我們如此全然地接受情緒。處理情緒的方法有兩件事要做，第一、運用前述「轉念」的方法。第二、進而以「開心」轉化它。此時，我們就可以進入轉化情緒的放下情緒階段。是否已放下負面情緒？除了原本的負面情緒已不再是困擾之外，還有一個判準，就是問問自己：「在做出這樣的決定後，我是否甘願、歡喜接受了呢？」如果我們已放下情緒應該會處於輕鬆、坦然、自在等喜悅或安穩的情緒當中，否則尚須持續處理以轉化它。「四它」是解決人生困擾問題很有用流程，但人往往要做到「放下它」實屬不易，因此，我們唯有學習佛法以開發智慧（高意識等級），方能徹底地讓心蓮盛開。

培養好習慣

先對佛陀一日生活作息的了解，有益於啟發我們如何養成生活的好習慣。從《阿含經》等佛經裡，大略可以了解佛陀與弟子們平日的生活起居和在人間活動的情形：「佛陀一天的時間分成五個部分：上午、下午、第一時夜、中時夜（也稱為中夜），還有後夜。上午時分，佛陀在天色破曉前就起床、刷牙、洗臉，在漱洗進行時，佛陀會作發願，例如洗臉時發願：『以水洗面，當願眾生，得

淨法門，永無垢染。』[51]刷牙時發願：『嚼楊枝時，當願眾生，其心調淨，噬諸煩惱。』[52]簡單的盥洗完畢之後，由於前一夜的『吉祥睡臥』，讓人少煩惱，正念分明，因而早晨精神充沛。一般來說，佛陀晨間以佛眼觀世界，察看有無可度化之人，他通常會前去找歹惡不善之人，善德之人會自己來拜訪他，佛陀就是如此慈悲地為利益一切眾生，使得國王們都心甘情願地禮拜他。若沒有受到特別的邀請，佛陀一個人，或同弟子們一起，外出沿門托缽，次第乞食，接受供養，如果感到托來的餐點已足夠，就即刻回到精舍用餐，乞食的行程，大約在一小時左右。之後，弟子們便回到各自居所，在屋內洗腳、淨手、盤坐、吃飯，吃飯時，按照乞食法進行，如同現在叢林裡五觀堂的『五觀想』，並以正念進食。[53]用完餐之後，洗滌瓦缽，清洗雙足，整理衣單。此處就可以看出佛陀重視生活作務，勤勞自理的一面，可以說，佛陀是以身作則，樹立了佛弟子修行的典範。

　　再如經典裡的『飯食經行』，飯食後通常會有一段經行的時間，經行（行禪），就是在精舍道場圍繞正念行走。根據《四分

51　出自《大方廣佛華嚴經》。

52　同前註。當時人們習慣嚼楊枝來潔淨口腔，就相當於現代人使用牙刷刷牙一樣。

53　《禪苑清規》五觀文為：「（一）計功多少，量彼來處。（二）忖己德行，全缺應供。（三）防心離過，貪等為宗。（四）正事良藥，為療形枯。（五）為成道故，應受此食。」另外，有關正念方面詳見第七章。

律》記載，經行可以獲得五種好處：消食、少病、堪遠行、能靜思惟、於定中得久住等。午時前，佛結束飯食，用餐後，他給信徒們作簡短的開示，授予三皈五戒，若有人在修行方面已有基礎，佛便給他指出一條成就之道，有人提出要求出家，佛就給他授戒，最後回到自己的居所。下午時分，也就是正午以後稱為下午，這個「午」指的是太陽正中午。飲食必須要在正午以前完成，過了正午以後就不能食用（不非時食）。午餐之後，有的人禮拜，有的人念佛，有的人打坐，有的人經行，甚至有的人休息。在僧團的生活中，比丘的習慣不盡相同，只要不侵犯他人，生活是自由的，午間人們大多不會外出，弟子們除了在精舍，也會散居在鄰近的洞窟、樹下、水邊，或誦經，或打坐，或三五成群論道，因為弟子們少欲知足，生活簡單，大家都是精進修行，安住正念中，嚴守佛陀制定的戒律和規章，以淨化身心。

　　下午時分，佛在精舍的一個地方坐下，眾弟子聚集到他的周圍，聆聽佛法，有些弟子走到他的跟前，以期獲得適合自己的修行方法，或探討修行心得，若有修行方面的問題，可提出請教，另外一些弟子向佛陀行禮後，就回到自己的居所。在向弟子們講經或作一番開示後，佛陀回住所休息，或正念右臥。起身後，即達到大悲的樂境，以佛眼觀世界一切眾生，尤其是隱居靜處，修習禪定的比丘及其他弟子，給予他們必要的開示和教導，如果有人在很遠的地方需要他的指導，他就以神通前往，教導他們，然後回到他的居

所。到了晚上，信徒們及各界人士便陸續來到精舍請法，佛陀接應大眾，對他們開示人生的道理，有時，佛陀會個別開示，或集體小參活動，甚至也會有大型集會，偶爾，佛陀以佛眼了知他們的根器，給他們講解一個多小時的佛法。

在第一個時夜（初夜，每晚六點到十點），佛陀專門來指導眾弟子，佛陀先率領弟子打坐。接著，佛陀便為大家說法開示，說法開示也不一定都由佛陀發起，只要弟子們在生活上、思想上、內心的感受上，對修行有一些見解或問題，都可以提出來向佛陀請教，佛陀便會逐一給予回答。結束以後，弟子們各自回到自己的居處，打坐、念佛、思惟、冥想，或者思惟佛陀剛才的說法開示，反覆背誦，這是初夜時間。中夜時分（夜裡十點至凌晨兩點），凡夫俗眼見不到的天人、梵天等諸神眾來到佛前，聽聞佛法。後夜時分，就是早上兩點至六點，這個時段又分成四個時期。兩點到三點（第一時期），佛陀在附近經行。三點到四點，佛陀正念右臥大約一個小時。四點至五點，佛陀深入阿羅漢之境界，享受涅槃之樂。五點至六點（第四時期），佛陀深入大悲之喜，以大慈之心照耀眾生，滋潤其心田，這時，他再以佛眼觀世界，察看能為眾生做些什麼，善德之人及需要他幫助的眾生，無論他們住在多麼遙遠的地方，佛陀都會出現在他們眼前，出於對他們的慈悲，他將前去給予必要的精

神幫助。」[54]表面上看起來，佛陀的一日生活，似乎與一般凡夫的生活沒有什麼不同，一樣在吃飯睡覺，也一樣在走路說話，但仔細觀察，實質內容卻大不相同。比如佛陀每日生活很有規律、刷牙洗臉時發願、用餐定時定量、經行、生活作務勤勞自理、打坐、說法……等，大部分時間都在利益眾生，又因為佛陀隨時處於定中，沒有任何妄念，因而只需很少的睡眠時間，相反地，一般人妄想太多，因此每天需要睡七、八小時才夠。唐朝時，有位修學律宗者請教高僧大珠慧海禪師，問：「大師您怎麼修行？」禪師的回答十分簡潔說：「吃飯、睡覺。」修行者驚訝不已，按耐不住又問：「世人不都也是吃飯、睡覺，他們難道也是在用功修行？」禪師說：「不同。」又問：「有何不同？」禪師說：「一般人吃飯時不肯專心吃飯，挑肥揀瘦，索求無度；睡覺時不肯專心睡覺，想東想西。所以不同。」《佛遺教經》云：「晝則勤心修習善法，無令失時，初夜後夜亦勿有廢，中夜誦經以自消息，無以睡眠因緣，令一生空過，無所得也。」佛陀以此勉勵弟子們要把握時間，以精進修習善法、誦讀經典、勤勞作務和適當的睡眠（不貪睡）等。吃飯、睡覺原只是為了色身，但常常超出生理需求，只是為了虛榮、面子或口腹之慾而一擲千金，那裡會有真正的幸福。因此，人只有將原來隨俗的生活方式轉變為有智慧的方式，才能自在、幸福。從佛陀的一

54　參閱星雲大師口述，《人間佛教佛陀本懷》、妙祥法師講述，《吉祥經講記》。

日生活，我們可以體會到養成好習慣，才能提升身心靈的品質。

　　許多科學研究證實培養好習慣可增強人的免疫力，有益身心健康。以打坐習慣來說，加州大學精神神經免疫學、精神病學家喬治‧斯拉維奇（George Slavich）和南加州大學預防醫學專家大衛‧布萊克（David Black）兩人合作做了一篇綜述報告結論顯示，每天規律的打坐，使人體抗病毒的能力增強了。另外，根據科學研究亦顯示寬恕（高意識等級）習慣會影響我們的免疫功能和抗病毒能力。例如哈佛大學精神神經免疫學家曾做過大型研究，研究結果發現，很少寬恕他人者，易生起負面情緒，因而引起壓力激素的分泌增加，使得人體免疫力降低。相反地，經常寬恕他人者，罹病率、死亡率也都較低。又如適當的睡眠對身體有益，因睡眠中，人體會自我修復，並且人在睡覺時，體內會分泌二種提升免疫系統的激素：生長激素和褪黑激素。自然醫學也認為良好的生活習慣對於建立健康的免疫系統影響深遠。與提升免疫力的生活習慣包括有：茹素、規律運動、增加攝取綠色蔬菜、按時用餐、維持適當的體重、每晚睡眠時間達七小時以上和不吸菸等。如果將睡眠與飲食、運動和補充營養素相比，睡眠更應受到大家重視，因睡眠是所有抗衰老、身心療癒、提升免疫力及強身的方法中最重要的。[55]有關如何才能好眠，將在下一節加以說明。

---

[55]　麥可‧莫瑞，約瑟夫‧皮佐諾（醫師）合著，《自然醫學百科》第一冊，一中心翻譯團隊譯，一中心有限公司出版，2019年1月。

習慣成自然，無所不在。史蒂芬‧柯維，西恩‧柯維所撰寫的美國暢銷書《與成功有約：高效能人士的七個習慣》，將生活面向分為生理、靈性、心智和社會情感4大種類。舉凡運動、睡眠、吃、喝等習慣，屬於生理；靈性則強調走入大自然、冥想、聽音樂、服務社會等追求靈性成長的行為；心智一類，則包括學習、閱讀、寫作、教學；最後在社會情感方面包含各種建立內在安全感的社交行為等。一般人應該養成什麼習慣呢？當中包括閱讀與工作無關的書籍、走進大自然慢活、走出舒適圈挑戰未知、常態性運動、回饋社會，和持續學習成為成長的動力等6個習慣，此些習慣是邁向成功共通的途徑。[56]只要我們從現在開始刻意練習，就有機會養成好習慣。

我們如何培養好習慣呢？古希臘哲學家亞里士多德（Aristotle）說：「重複的行為造就了我們。因此，卓越不是單一的行為，而是一種習慣。」（We are what we repeatedly do. Excellence, then, is not an act, but a habit.）也就是說，重複的行為可以養成好習慣，而使得我們傑出。德克薩斯大學奧斯汀分校心理與行銷系教授雅特‧馬克曼（Art Markman）在所著的《向專家學思考》（Smart thinking）乙書裡提出：「用好習慣取代壞習慣，會令改變更加容易。」[57]舉例

---

[56] 史蒂芬‧柯維，西恩‧柯維著，顧淑馨譯，《與成功有約》，天下文化，2020年10月。

[57] 雅特‧馬克曼著，梁雲霞‧鄭雅丰‧許馥惠譯，《向專家學思考》，遠流出版，2013年1月。

來說，如果想要改變在看電視的同時、吃東西的壞習慣（因容易發胖），但不要逼自己看電視停止吃東西，可以直接在原來的基礎上建立新的習慣，例如喝茶、吃高纖餅乾或蔬菜沙拉等相對熱量低的食物。另外，心理學家暨行為科學家伯爾赫斯‧史金納（Burrhus Frederic Skinner）於20世紀初提出「信號、習慣、回饋」迴路論，迄今仍是講述習慣養成的重要理論。譬如說，每天鬧鐘響起起床後（信號），你會在刷牙、洗臉時念佛（習慣），覺得自己變得更為歡喜（回饋）。練習一段時間後，這樣的習慣迴路就會在大腦中定型，替自己形成了新的好習慣。[58]又史蒂芬‧蓋斯（Stephen Guise）則提供了培養好習慣的三大步驟，舉個例子來了解：（一）將目標「易行化」。先寫下想達成的目標，或要培養的好習慣，再把內容易行化，以降低認知困難度。比方說，想養成每天閱讀的習慣，就先設定為每天只看一頁書就好。當心裡已經有了「做一下很容易」的心態，就能輕鬆地鼓舞自己持之以恆。（二）以意志力取代熱情。單靠熱情，無法讓我們養成好習慣，因為執行力會隨著時間而遞減，為了避免三分鐘熱度，還是以恆久持續的意志力較為可靠。另外，盡量保持平常心，不可一味地以獎賞或激勵的方式鼓勵自己去做，方能如同起床後洗臉刷牙一樣地自然。（三）設定有彈性的暗示。例如不要硬性規定「每天晚上八點看書」，因這種安排很容

58　賴若函撰，〈3週養成新好習慣〉，《Cheers雜誌》第231期，2020年
　　11月27日。

易令自己「一旦有一次沒做到，之後就再也不想做了」的情形，而應給多點彈性空間。[59]譬如，我們想培養「飯食經行」的好習慣，設定的暗示是「散步的時間到了」，每當這樣想時，就會讓自己自然地走去操場行走念佛（詳見第七章）繞一、二圈，如此我們有了好的開始，就很容易持續下去，直到養成了好習慣。

美國哲學與心理學家威廉・詹姆士（William James）說：「播下一個行動，你將收穫一種習慣；播下一種習慣，你將收穫一種性格；播下一種性格，你將收穫一種命運。」（Sow an action and you reap a habit. Sow a habit and you reap a character. Sow a character and you reap a destiny.）為了培養出真正有益身心的好習慣，我們願體認：人先要有正確的思想、觀念和知識（正知見）才能產生好行為（行動），有好行為才會形成好習慣，有好習慣才能形成好性格，有好的性格方有好命運，人生才會幸福。因此，如果希望得到幸福快樂則須先擁有正知見，至於如何獲得正知見呢？那就有賴於透由聞法、學習經典的智慧以及有益的知識而獲得。

甜蜜好眠

由美國成立的非營利組織世界睡眠協會（WSS, World Sleep

---

59 史蒂芬・蓋斯著，黃庭敏譯，《驚人習慣力》，三采文化，2015年12月。

Society）以及世界睡眠日委員會（World Sleep Day Committee），於2008年開始共同組織且推廣世界睡眠日是全球性的健康睡眠活動，主要目的在推廣睡眠與研討睡眠有關的重要議題。世界睡眠日委員會提出：「優質睡眠的三大要素是：（一）持續時間：充足的睡眠時間應使睡眠者得到充分的休息，並在第二天自然起床。（二）連續性：充足的睡眠時間不應中斷，應該是連續的。（三）深度：深沉的睡眠才能以恢復體力。強調優質睡眠是身心健康的重要支柱，透由優質的睡眠可以改善身心靈的品質。」

世界睡眠協會也為了幫助改善整體睡眠和健康狀況，特別制定了十大健康睡眠守則如下：「（一）建立固定的就寢時間和起床時間。（二）如果有午睡習慣，則白天睡眠不要超過 45 分鐘。（三）睡前 4 小時避免過量飲酒，當然也不要抽煙。（四）睡前 6 小時避免咖啡因。其中包括咖啡、茶和汽水與巧克力。（五）睡前 4 小時避免吃重口味，辛辣或含糖食物。睡前一點簡單的小食是可以的。（六）定期運動，但記得睡前不要運動。（七）找到適合自己的寢具用品。（八）設定舒適的睡眠溫度設定，並保持房間通風良好。（九）注意隔音與窗簾的絕光性，降低臥室的噪音與光線。（十）除了睡覺以外，避免將臥室作為工作或其他活動的場所。」我們若能按照上述之原則加以力行，則可以改善幫助改善整體睡眠和健康狀況，提升身心靈的品質。

有許多因素干擾我們的睡眠，最好能予以排除，例如電磁波、

噪音、外在的空氣或食物、氣血不通、情緒……等等，我們可以從下列方面加以調整：第一、電磁波：晚上最好不要用電腦，尤其是不要無線上網，電話也是，但是外邊有很多無線電，使身上積存許多電磁波，可以赤著腳在天氣溫暖的時候踏草地以接地氣排掉多餘的電磁波。另外，我們睡覺的房間如果有很多插座及電氣用品，儘量關掉。第二、噪音：噪音時常會影響我們的腦波。尤其內心很不喜噪音時，但當我們進入那個頻率，不對抗就不會被干擾，因此睡覺時，只要聽到聲音就訓練自己可以接受的意念（例如觀想它是念佛聲），如此任何聲音都可以助我進入深沉的睡眠，轉念以後，聲音的干擾就不大了。第三、空氣：可以在假日的時候多到空氣很好、有樹的地方爬山、健行，吸吸芬多精，吸收、儲存一些好空氣。第四、食物：身體跟我們選擇的食物很有關係，選擇的食物有光彩的話，對我們有保護作用也可以令身體得到平衡。比如，有許多失眠的親友喝或擦純淨原素海洋礦物質（含鎂）後，睡眠品質都獲得改善了。因此，如果晚上常失眠的話，由於鎂可以幫助鎮靜神經，有助眠之效，值得試試。[60]第五、氣血不通：如果睡眠不好是因為氣血不通，可以做做輕鬆的運動，如輕拍全身，然而不要太晚運動，否則身體在轉換狀態前就沒有時間好好放鬆。也可以在傍晚的時間去行走念佛，同時曬曬太陽，或者於晚餐後到外面空氣好的

---

60 靜宜大學食品營養學系王銘富講座教授，也是鎂營養與健康的專家，對鎂有深入研究，他指出，因鎂可以幫助鎮靜神經，所以有助於睡眠。

地方「飯食經行」。另外，亦可透由練「平甩功」，活血通脈補元氣。平甩功動作簡單，先放輕鬆，面帶微笑，呼吸調勻，然後雙腿張開與肩同寬，兩腳平行站立，自然呼吸，兩手平舉至胸前，保持平行，掌心向下。接著兩手前後自然甩動，保持輕鬆規律，不要用力，慢慢地甩動，兩手甩到平行高度，不要越甩越高，也不忽快忽慢，心裡默數，每甩到第五下時就輕輕地蹲一下，腳彈兩下上來，最好不要想東想西，專心練習，數分鐘後就能令身體發熱，氣血暢通。收功時，很自然地停擺，放鬆平緩，把眼睛閉一會兒，呼吸調勻，然後喝溫開水。一次甩10分鐘（可增至20-30分鐘），每天最少能夠練到三回。建議最好空腹練，或飯後休息30分鐘之後再練。因個人差異，有人甩三、五天就有效，有人甩一個星期，也有人要幾個月才會有改善。[61]第六、情緒：情緒方面是最大的影響，尤其是我們要睡覺時如果腦中很多的念頭，每次一躺下去，工作的事、家裡的事常會浮現腦海，讓我們腦波起伏很大，而不易進入睡眠之中。以下提供一些方法不妨參用：（一）晚上不收看負面訊息或節目，最好看心靈提升的書籍，使心安寧。（二）將問題祈請信仰之對象（例如佛菩薩）作安排。（三）抄寫經典。（四）以深呼吸法放鬆身心（詳見第五章）。（五）床邊擺筆記本。因有時一躺下去

61　李鳳山親自教平甩功，詳見YouTube相關視頻、滕淑芬撰，〈養生平甩功．輕鬆練氣功以柔克剛〉，《遠見雜誌》，2017年9月19日。李嗣涔教授與許達夫醫師親身證實有效並推薦。

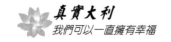
正要睡的時候，突然想到某件事情還沒做，或有事情要交代，所以要在床邊放一本筆記本、一支筆，方便記下來，就不會事情一直在腦海裡轉，而睡不著了。[62]（六）一字一字慢慢地默念佛號。一邊念佛一邊感覺細胞愈來愈放鬆，如此可令自己易於入睡。（七）身心放鬆，專心睡覺。不宜在睡覺時思考事情，因易陷入緊張而影響睡眠。

四句真言

我們如何克服人生中所面臨的問題？美國有位修藍博士，他說只要不停地念這四句真言，第一句是「對不起」（I am sorry），第二句為「請原諒我」（Please forgive me），第三句「謝謝你」（Thank you），第四句「我愛你」（I love you），就可以解決問題。這幾句話已經包含了懺悔、愛、感恩和寬容（高意識等級），因而得以清理自己內心而發揮效用。很巧的是江本勝博士的實驗，也發現水接收到感恩和愛等良善訊息或意念時，會呈現出最美麗的結晶。

在夏威夷醫院曾有三十幾位精神病患，他們有嚴重的精神病，不是容易處理的一群人。醫生、護士們遇到這些病人都很頭痛，後

---

[62] 參考苦心撰，〈從失眠到甜蜜睡眠〉，《琉璃光養生世界季刊》第68期，琉璃光養生世界雜誌社，2009年2月15日。

來修藍博士到醫院來幫助這些精神病人。修藍博士說他有一套古老創造健康、平靜（高意識等級）與財富的夏威夷療法，又稱為荷歐波諾波諾（Ho'oponopono）療法，只要給他一間房間，他不用接觸病人，只要給他病人的病歷就可以了，他每天到醫院，經過每個地方就念這四句真言，然後就回他房間看病人的病歷做清除。半年後病人行為改變了。三年後這些精神病患都恢復正常，逐一地出院，最後醫院關門了。有治療師問修藍博士：「您如何幫助這些病人呢？」修藍博士回答說：「並不是我在幫助他們，是他們給我一次機會幫助我自己，是這麼多人給我這麼多機會來修正自己，是我內在有問題，才會碰到這麼多病人，我內在清淨了，一切問題就解決了。」[63]

《華嚴經》云：「唯心所現，唯識所變。」《楞嚴經》言：「諸法所生，唯心所現。」我們所遭遇的一切境緣都是自己變現出來的。換言之，所有的物質現象，都是我們意念變現出來的，所以我們要對自己的人生負全部的責任。我們一生當中所遇見的所有人事物，其實是來幫助我們學習和成長的。我們願以感恩心看待跟我們值遇的每個人、每件事；因為有他們的出現，才能夠讓我們反省自己的內在，還有那些尚未淨化，然後加以改善、轉化、淨化。

63　喬‧維泰利、伊賀列卡拉‧修‧藍博士著，《零極限：創造健康、平靜與財富的夏威夷療法》，方智出版，2012年6月、淨空老和尚與修藍博士訪談精華錄，YouTube視頻、何美慧（博士）撰，〈訪談修‧藍博士　反思信願行〉，《淨空法師專集》。

聽好音樂

聽好音樂有益於身心健康、提升創造力與增進人生幸福。學者曾對大學生從幸福感的主觀性、豐富性、穩定性和整體性等四大特點加以衡量，發現音樂對大學生幸福感的提升會產生積極作用。[64]《美國醫學會網路開放雜誌》（JAMA Network Open）曾發表的一篇論文調查了美國、英國和澳洲等國家的26項科研成果後發現，音樂可以改善身心健康和生活品質，音樂改善心理健康猶如鍛練身體，其效果很相似。該篇論文也表示越來越多的證據支持音樂廣泛促進幸福感和健康相關生活品質的能力。[65]關於以音樂提升創造力方面，荷蘭奈梅亨大學（Radboud University）的西蒙妮・里特（Simone Ritter）和澳洲雪梨科技大學（University of Technology Sydney）的山姆・弗格森（Sam Ferguson）針對音樂對發散性創造力是否有影響呢？以及這和不同的音樂曲風是否有關聯呢？此兩個問題進行了一場心理實驗。實驗結果發現，聽快樂音樂（happy

---

64 李智萍・周金鑫撰，〈淺析音樂美育對大學生幸福感的影響〉，《華東交通大學學報》25卷4期，2008年8月1日。

65 J. Matt McCrary, PhD; Eckart Altenmüller, MD; Clara Kretschmer; et al，〈音樂干預與健康相關生活品質的關聯〉（Association of Music Interventions With Health-Related Quality of Life），《美國醫學會網路開放雜誌》（JAMA Network Open），2022 年3月22日。

music）的受試者發散性創造力（divergent creativity）分數比在寂靜環境下受試者要高。里特和弗格森表示：快樂的古典音樂同時具有正向情緒誘發力（positive emotional valence）和激發性強烈的覺醒成分（high arousal）兩個特質，而這些都對思維的靈活性頗有助益，因而進一步提升了創造力。[66]

　　另外，音樂治療早已在國外施行多年，且對於臨床各種不同年齡層的病人有正向的影響。音樂能夠影響聆聽者生理與心理上的反應，包括生命徵象的改變、增加免疫力、減輕焦慮和壓力、增加安適狀態、降低可體松數值等，許多文獻顯示音樂治療為一經濟且有效的措施，可在臨床上推廣及運用。[67]音樂治療常被輔助運用於：降低疼痛、強化早期療癒、舒緩情緒、增加感覺動作功能、老年常見疾病之健康照顧等，也都各有學者在這五個方面的療效表示肯定。[68]學者回顧了近十年來文獻結果，顯示音樂治療在各方領域的成效，皆有正向的療效，包含生理、心理上的健康及生活品質上的改善。[69]

[66] Simone M. Ritter and Sam Ferguson, 2017, Happy creativity: Listening to happy music facilitates divergent thinking, PLOS.

[67] 張淑敏（助理教授）・宋惠娟（副教授）撰，〈音樂治療與兒童照護〉，《護理雜誌》52卷6期，2005年12月1日。

[68] 施以諾（教授）撰，〈音樂治療與健康照護〉，《長庚護理》14卷1期，2003年3月1日。

[69] 吳佳純（助理教授）・施以諾（教授）撰，〈台灣近十年來音樂治療論文分析以1999年到2008年為例〉，《臺灣老人保健學刊》5卷2期，2009年12月1日。

我們如何選擇音樂呢？最好選聽432赫茲（hz）的音樂，此種音頻又被譽為宇宙中最協調的音律，1952年物理學家溫弗里德・奧托・舒曼（Winfried Otto Schumann）發現地球的基本跳動是8赫茲。在音樂層面，8赫茲是432赫茲的基礎。它可以與人體產生完美的共振，增加思考清晰度並加強直覺、提高感知力、減少焦慮，還能降低血壓、舒緩心率。432赫茲的音樂聽起來很柔和又舒服，令人感到放鬆，有療癒的效果。古典音樂大師如貝多芬、莫扎特、威爾第、巴哈等都是以432赫茲來進行創作的，都是這種療癒的音頻。日本江本勝博士實驗也發現水聽了貝多芬的田園交響曲和莫扎特的40號交響曲之後，呈現美麗的結晶；聽了貓王的傷心酒店和重金屬樂曲後，則呈現很難看的結晶。綜合上述，科學研究已證實聽好音樂可以改善身心健康、提升生活品質、增加幸福感以及提高創造力。

人際妙方

我們生活在人間，從家庭、學校到社會，都須和他人溝通、互動。因此，人際之間的相處是生命中最重要的，也是每天都要面對的。自古迄今的社會人群，無不重視人際關係。人與人之間應該如何相處，才能建立一個和諧的社會，是一個相當值得重視的課題。四攝法是人際關懷最佳妙方。四攝法包括布施、愛語、利行與同事

等。布施，不只是用自己擁有的財物、智慧、技能、時間，跟他人廣結善緣，更進一步用以淨化、成長人的心，讓更多的人加入此善的循環行列。愛語是放下自己，衷心的為對方著想、鼓勵、體諒，並用話語或表情或動作表達出來，不是訓人的方式，而是諄諄善誘，讓人感到親切，自然的認同、接受。就自己能力所及，隨時隨地的幫助他人，凡事處處的予人方便、利益他人，過程中，自然地吸引志同道合的人一起力行，這就是利行。所謂的同事，是指依對方想要的方式與他相處，卻能不受他的影響，而達到利他的目的。[70]

四攝法是方便引導他人的法門，皆以善巧智慧為根本。譬如，如果有他人急需財物，則布施財物；如果樂於善法，則布施法，令其得到幫助，心感溫暖，而歡喜修習佛法。依他人以愛語、讚歎、肯定，令起歡喜心而修習佛法。以身口意的善行（如笑容、體貼、親切等）利益他人（利行），令他人生起歡喜心而接受教法。能夠站在他人的立場，和他同一苦樂（同事），並且關心他，給予其最適合的教化，方便引導其修習佛法。四攝法可通行於家庭、機關團體、社會各階層，是增進人際關係的有效方法，是待人處事的最佳準則。《華嚴經》云：「若能成就四攝法，則與眾生無限利。」如

---

70 聖嚴法師講述，〈四攝法，最佳關懷妙方！〉，《大法鼓精選輯》，2020年12月22日。

果我們懂得善用四攝法，必能圓融人際關係，並於其中獲得自他二利，使人生充滿了和諧（高意識等級）、友誼與幸福快樂。

第三章　善於生活

HAPPINESS A

佛陀教導我們如何才能過著幸福美滿的生活？

善於生活的哪些教導與人際關係有關？

人際關係與今生幸福有何相關性？

月漸盈滿

　　佛陀在《善生經》中教導我們如何過著幸福美滿的生活：「做人先要知道四種結業：第一、知道殺害一切生命是殘忍的惡習；第二、知道偷盜是損人的行為；第三、知道除了正式夫妻之外而行邪淫是痛苦的根源；第四、知道說謊、歪邪不正及沒有意義的言詞、挑撥離間、惡口是虛偽等為損人不利己的行為。以上四者，就是一切眾生所造的惡業種子。佛陀特別提醒我們，千萬不可以造了殺生、偷盜、邪淫、妄語等四種惡業；因一切有智慧的人，都不會稱許造此惡業者。做人更不要在四處作惡行，四處就是：第一、永無滿足之自私的貪欲；第二、嫉妒驕狂之惱怒的瞋恚；第三、所作惡業之後果的恐怖；第四、執斷執常之我見的愚癡。因凡在此四處造惡者，名譽日減，人不喜見；假如能夠離開這四種惡行，名譽日增，受人尊敬，就會得到多福，於是佛陀說了四句偈：『斷欲無恚怖，無痴行法行，彼名聲普聞，如月漸盈滿。』以說明斷除貪欲，沒有憤怒，不行恐怖，沒有愚痴的行為，才是合乎佛法的正當行為，有如此善良的人，他們的名聲一定會遠播十方，猶如那初一的月亮一樣，會漸漸的圓滿無缺。

六損財業

做人有六種損財造業的事不要去做，六種損財造業的事是：（一）沉溺於酒。（二）喜好博戲。（三）閒遊放蕩。（四）迷於歌舞。（五）愛交損友。（六）懈怠懶惰。沉溺於酒的人，常有六過患：散失錢財、常生疾病、愛好鬥爭、惡名傳布、瞋恚粗暴和智能日損。喜好博戲的人，也常有六過患：財產日耗、雖勝生怨、智者所責、人不敬信、為人疏遠見外和生盜竊心。閒遊放蕩的人，亦有六過患：不護自身、不護子孫、不護財貨、常自驚懼、諸苦纏身和喜生虛妄。迷於歌舞的人，也有六過患：由於追求歌在何處（喜聞歌）、舞在何處（喜見舞）、琴瑟在何處（喜往作樂）、講說在何處（喜見弄鈴）、鼓樂在何處（喜拍兩手）和聚會在何處（喜大聚會），因而浪費了許多寶貴光陰。若常近此種損友，則有六種過患；隨時會被欺負、喜歡做不可告人之事、誘使他人共做惡事、意圖謀取他人所有物、慳貪成性只圖私利、喜論他人是非。懈怠懶惰的人，也有六過患：不肯作務、不肯勤修、喜好美味、妄想紛飛、受人輕視和事業無成。沉溺於酒乃至懈怠懶惰的此六種損財的業是不能去造作的，若由於愚痴不明而去造作，家財一定日日損減，名聲一定漸漸衰微。因此，不要親近愚痴的人，應該和有智慧的人為伴，而且能夠尊敬那些值得效法學習的善知識，這才是人生真正最大的快樂。

六種非財

人為了生活及生存，無論男女，都有衣食、住行、育樂之需，因而辛勤工作以求財物，但若妄取不義之財，叫做『非財』；非財就是非法獲得的財物，是不合乎道的。欲追求財物的人，應該知道有六種不義之財：第一、就是以各種不良的方式而求得的財物；第二、就是在正當營業時間以外，如深夜還要去做種種不正當的營利；第三、社會上凡因業務，而上酒家等娛樂場所放逸聚飲；第四、如結交惡友而行偷竊、搶奪、強盜、詐欺、販賣違禁物品、走私等之行為，以求財物者；第五、如以涉及誨盜誨淫的歌舞營業，以求財物者；第六、凡經營任何事業，終日懈怠懶惰，而妄想求財物者。

非親攀親

有四種似如親朋好友，但實如怨家，這是應當覺察了知的，這四種怨親是：有貪欲而假敬服的人、有所求而說美言的人、有諂諛而來敬順的人和有圖樂而來交友的人。有貪欲而假敬服的人，你給他少了他望多，他給你小利要你大利酬報，畏懼你而勉強來親近，為求利益才和你相交。有所求而說美言的人，無論你的行為是善是

惡，他都順從，等你有難時他就離開，見人有善事而來求助，他便密為隱藏，不使你知，見有危險的事情發生，他便排擊你而忘記恩惠。有諂諛而來敬順的人，見你有不好的行為他不勸諫，見有善事可作他不協助，見到有利可得的事他便趨承逢迎，見到有義無利的事他便後退。有圖樂而來交友的人，有吃有喝的時候和你為友，有賭博遊戲的時候才和你為友，有淫逸放蕩的時候才和你為友，有歌舞出遊的時候才和你為友。此種惡友應遠離，因為那些朋友只會讓自己墮落。

益友可親

接著，佛陀再說了四種益友可親，四種益友是：見非即來勸止、有同情慈愍心、樂於幫助他人和苦樂皆不相棄。見非即來勸止的益友，有四事可貴；第一、見你為惡，則能遮止；第二、為人正直，可作模範；第三、慈心憐憫，常思助人；第四、示人善路，指導迷津。有同情慈愍心的益友，有四事可貴，第一、見你獲得利益則代為歡喜；第二、見你錯犯惡行則代為憂急；第三、稱人名譽道德，不言人非；第四、見人說惡便能制止。樂於幫助他人的益友，有四事可貴：第一、護你不令放逸；第二、護你不令失財；第三、護你不令恐怖；第四、對談常作忠言。

苦樂皆不相棄的益友，有四事可貴：第一、永不揭發朋友祕

密；第二、災危之時永不捨離；第三、為朋友願犧牲生命財寶；第四、常相教誡，濟其恐怖之事。我們以其言行舉止和聖賢之正見比對為衡準，並作審慎的抉擇，再去認識這四種益友，和他們相交，人格自會提高。因此要親近益友，由於他有純潔清淨的心，有正當的思想和行為，如日月的光輝，可以照亮黑暗。

禮敬六方

　　佛陀的聖賢法中，當禮敬六方，那六方是：父母為東方；師長為南方；妻子為西方；親朋為北方；員工、部屬為下方；出家人、修行人（善知識）為上方。若是為人子者，當以五事侍奉東方的父母：第一、供養父母，不令缺乏；第二、凡所有為，必先稟報；第三、父母所為，恭順不逆；第四、父母的吩咐，不敢違背（如覺不妥亦應和顏悅色溝通）；第五、發展正當的事業或職業，並聽取父母的意見；守遺產，父母死後行布施作功德迴向。做東方父母的亦應以五事對待子女：第一、教育子女，不讓為惡；第二、以身作則，並指其善處，使具有高尚品格；第三、對他們慈愛入骨，教其廣博學問，始終一致；第四、善為婚嫁，務使滿意；第五、隨時供給所需，協助事業成就。父母子女若能如此，則彼方安穩，沒有憂畏煩惱之苦。

　　學生敬奉南方的師長，亦有五事：第一、師來時起立歡迎，善

為承順其意；第二、關心老師生活情形，如有所需盡力供給，對老師禮貌和尊敬；第三、尊重仰戴，不違其意；第四、對老師的指示教導、能虛心地接受；第五、謹記老師的教導。做南方師長的亦應以五事愛護學生：第一、依循教育方法以教導學生；第二、進一步深入，使學生增廣見聞；第三、對學生的提問，應詳細解答；第四、指導學生多結交益友；第五、盡自己能力教授，不隱瞞吝惜。師長學生若均能如此，則彼方安穩，無諸憂畏煩惱之苦。

為人夫者敬愛西方的妻子有五事：第一、相待以禮，相敬如賓；第二、尊重自己的人格、真愛，忠於妻子，使其信任；第三、生活上的衣服食物，必需品等恆常供給，不使缺乏；第四、在應酬和出遊、隨她喜好打扮；第五、家中事務，委託她處理。（由於現代人有許多職業婦女，妻子也在上班又要照顧家庭，實屬不易，因此先生有空，宜多體貼太太，幫忙處理家務。）西方的妻子亦應以五事愛敬其夫：第一、早晨先起，準備早餐及處理家務；第二、忠於丈夫，以家為重；第三、和言愛語，不談粗言，看見丈夫的優點，包容其缺點；第四、尊重和柔順；第五、丈夫表示意見時，不先爭議，如有不同看法，和言相勸或好好溝通、討論；夫妻若能如此，則彼方安穩，沒有憂畏煩惱之苦。

為人當以五事親近對待北方的親戚朋友；第一、如果有財物缺乏，盡力給予供給救濟；第二、要愛護尊敬自己一切的親戚朋友；第三、常相聯繫，分享有益身心方面訊息；第四、困難之事，助其

成就；第五、以誠相待，不可欺騙。親戚朋友亦應以五事對待其人：第一、怠惰放逸或不務正業，要教導或呵斥，使其改過；第二、見他有可能因放逸而招致財物損失時，方便提醒，使他覺察；第三、見他情緒不安時，給予安慰；第四、見他有過失時，婉言勸告，不令作惡；第五、常相稱讚，隱惡揚善。和親戚朋友如果能互相如此對待，則彼方安穩，沒有憂畏煩惱之苦。

做老闆、主管的當以五事對待下方的員工、部屬：第一、每次交代工作或任務時，應考慮其能力和體力，莫令超過；第二、飲食以時，彼饑如己；第三、勞動定時，安排休息時間；第四、提供醫療上的保險或保障，生病給予醫療，速令康復，並隨時關心如同親人；第五、多餘財物，常為賜予（利潤分享員工）。做員工、部屬的亦應以五事敬對老闆、主管：第一、準時上班工作，勤勞為本；第二、為事周密，絕不敷衍；第三、不與不取，忠實老闆、主管；第四、工作熱心負責，次第完成；五、稱揚老闆、主管，說其善事。做老闆、主管及員工、部屬，若能互相如此對待，則彼方安穩，定無憂畏苦惱之事。

作為在家眾（居士），當以五事奉敬上方的出家人、修行人（善知識）：第一、身常行慈，不殺不盜；第二、口常行慈，不說謊；第三、意常行慈，不貪心不生氣；第四、供養四事（衣服、飲食、臥具和醫藥），不令缺乏；第五、喜迎至家中，請教法義。出家人、修行人（善知識）亦當以六事而教授在家眾（居士）：第

一、教授人人可做的廢惡修善的方法；第二、教授時內心常懷慈愛；第三、教懷善心，不起惡念；第四、常教他沒聽過的正法；第五多教授法義，令其了解；第六、多為講說，幸福之道。在家眾（居士）和出家人、修行人（善知識）若能如此相待，則彼方安穩，定無憂畏苦惱之事。

若能禮敬六方中的東方父母，南方的師長，西方的妻子，北方的親友，下方的員工、部屬，上方的出家人、修行人，則行為端正，心離頑愚，努力工作，精進行道，因而更能廣交善友，親近善知識，發四無量心，多作布施、說愛語，並力行獲得幸福的方法，這才是真正的孝敬之心。」[71]

佛陀在《善生經》所言旨在教導我們待人處事的方法，尤其如何做好人際關係，如果能依教奉行而善於生活，自然人生幸福美滿。現代科學研究亦證明了人際關係的重要性，例如哈佛大學自1938年開始進行的一項史上最大規模的人類發展研究，探索人類的幸福感究竟從何而來，該校精神病學家羅伯特・沃爾丁格（Robert Waldinger）於2003年接管負責這項持續將近80年的研究，他認為人人都渴望了解如何使生活幸福美滿，於是他在一場Ted Talk演講中向觀眾揭露了驚人的研究結論是：「良好的人際關係不僅能讓我們更

---

[71] 出自《長阿含經・善生經》。參考星雲大師白話翻譯，《長阿含經・善生經》、聖開老和尚講述，《佛說善生經白話講》。

幸福，也能讓我們更健康。」也就是說，把精力投入人際關係，尤其是家人、朋友和周遭人群的人，得以增進今生的幸福。

第四章　心如一畝田

如何以因果的道理來增進幸福？

為什麼要深信因果？

如何證明因果真實不虛？

選擇哪一種消業的方法比較好？為什麼？

常受到婆婆指責，心裡很難過，

此為「他因自果」還是「自因自果」？

自栽自收

心如一畝田，用它來種什麼？種瓜？種豆？種桃？種李？我們的行為（身口意三業）造了什麼因，就會得到什麼果，自種善因自得善果；自栽惡因自收惡果。可以說，所有自己造的業因，都會得到業果，即自己的行為決定自己的命運，因而深信因果，非常重要。全部佛法的中心課題講的什麼呢？其實，整個佛法所講的不出「因果」兩字，因果的道理是可貫通全部佛法的，它是佛陀教法的根本。[72]

因果道理是存在於大宇宙貫穿三世十方的真理。因果之前，人人平等，因果是最公平的審判官，而且賞罰嚴明，如《三世因果經》云：「一切世間，男女老少，貧賤富貴，受苦無窮，享福不盡，皆是前生因果之報，以何所作故？先須孝敬父母，敬信三寶，次要戒殺放生，念佛布施，能種後世福田。」又云：「欲知前世因，今生受者是；欲知來世果，今生作者是。」現今的遭遇、命運都是由於過去世的「業因」所致，才有現今的「果報」，再看看今生造作的「業因」，就可以知道未來會有怎麼樣的「果報」。我們只要仔細思量一些發生的好壞事情，即可瞭解沒有所謂的「他因自果」（他作自受），只有「自因自果」（自作自受），如《大寶積

---

[72] 演培法師講述，李玉鑽記，〈佛法的因果論〉，講於新加坡南洋大學，1965年10月21日。

經》云：「若說兩舌、惡口、妄言、綺語，恐怖、繫縛、囚執、鞭杖、刑戮，是菩薩思維如是諸事，是我惡行不善業報，自作自受；或過去世，或現在世，若先作已，今受果報，我今云何於自果報而瞋於他？」因此，因果的規律必定是：「善因善果；惡因惡果；自因自果（自作自受）。」善的行為會帶來幸福；惡的行為會產生不幸，所以自己的行為造就了自己的命運。

　　譬如，G先生有一天駕車在山區的彎彎曲曲的道路上，突然前面出現一位酒後駕車的B先生逆向行駛，剛好路的一邊是山壁，另一邊是山崖，因而兩車對撞，導致G先生受傷、車損，這是由於B先生的惡行，使得G先生的車子被撞而受傷，此交通事故，G先生都沒有違規，是由於B先生所造的惡，而產生不好的結果，當然B先生會遭受法律的制裁，另外其所造的惡因，將來也必定會有惡報。通常一般人看到的是G先生沒有錯，而是B先生造惡，因此會直覺認為此交通事故是「他因自果」（B先生造惡因，G先生遭惡果），但依因果道理來看，在此世間不存在有「他因自果」的情況，此交通事故也是「自因自果」，為什麼呢？一般人所說的「因果」，其實準確地說是「因緣果」，而且因果通三世。由於G先生過去所造「惡因」之業力所牽引（業感），使他在剛剛好的時間到達該地點（因晚一點或早一點就不會發生此事故），恰好遇到B先生逆向行駛（惡緣），因緣和合，而造成人傷、車損（惡果）。由於人生的一切善惡果報（命運），都是來源於自己之前所造的業因所感，因而

我們應勤於廢惡修善。

如影隨形

我們生下來，雖然帶不來一物，也帶不走一物，但是我們卻會隨身帶著自己累世的善惡業，如古德說：「萬般將不去，唯有業隨身。」一生辛勤奮鬥，縱然得到了富貴榮華，當生命結束時，只能帶走種下的福報和造下的業。《涅槃經》云：「深思行業善惡之報，如影隨形；三世因果，循環不失，此生空過，後悔無追。」《地藏經》亦云：「莫輕小惡，以為無罪，死後有報，纖毫受之。」人一生的命運與善惡業有關，無論所造的業多麼小都關乎未來。因此，我們若能堅持善行，廣結良緣，自然會於因緣成熟時獲得善的果報。印光大師說：「菩薩畏因，眾生畏果。」[73]由於業會隨身，所以菩薩害怕造惡因，而眾生剛好相反，不想得惡果，卻常造惡因，要等到親身遭遇可怕的果報才生起恐懼，但已太遲了，因而唯有向菩薩學習。

---

[73] 印光大師撰，〈與衛錦洲居士書〉，《印光法師文鈔》。印光大師為淨土宗祖師，相傳他是大勢至菩薩的化身。

三報

　　人只要造了業，一定會有報，業為因，報為果，而報應時間有快慢，果報有輕重，這就體現因果的道理。慧遠大師《三報論》說：「三報指的是現報、生報和後報。現報，又稱現世報；生報，又稱來世報（下一生報）；後報，就是下一生之後受報。現報就是這一世行善或者作惡，由於是這個業報身去造，若造的業力很大，它感的時間很短，今生就受到了善因的善果，或者惡因的惡報，這就叫現報。生報是我們今生的善惡的行為到了下一輩子再報，也叫來世報。而後報是今生行善或者造惡的業力，直至下一生之後，要遇到了緣才受報，因果報應，是由於心感了外境，以前所造業力的種子才有應，如果阿賴耶識裡的種子，沒有助緣，它就應不出來。受報也是因緣和合而成的，所以因果道理其實是因緣果道理，即業感緣起的道理。雖然於今生造了惡業，但是是現報，還是下一生報，或是下一生以後才報，這是不一定的，這是根據能感之心、所接觸的外境的感應強度與助緣來決定的，所以果報才有先有後，雖然果報在時間上有差異，但都是由於我們的心隨著所遇的人事環境，而顯發的一種對應，由於能感的心有輕重，所以所應的果報也就有強弱的不同，追溯果報輕重的根源，與造業時是重的心造，還

是輕的心造有關，這也是相對應的。此乃業力自然之賞罰。」[74]

業也具有持續增長廣大的特質，雖然造微小的善業，也會感發廣大的樂果；同理，造微小的惡業，也可能感發絕大的苦果。雖然今生不一定見到果報，但是在現世一定會看到花報。花報就是這一生的報應，果報是來世的報應。眾生造善惡之業因，由此業因所感之果為果報，果報之前所兼得者，則稱為花報。就像植物一樣先開花後再結果，由於今生行善積德，改造了自己的命運，這是花報。如《了凡四訓》裡面講的袁了凡先生，他能夠認真廢惡修善，使他一生的命運都改造了，跟孔先生所算的都不一樣，那是花報，他的來生果報一定比這一生還要殊勝。[75]又如一向專念名號之人，平生常得諸大菩薩，隨護保祐，諸佛晝夜護念，夜夢吉祥，所作吉利等為花報。臨命終時，自知時至，身無病苦，心不貪戀，意不顛倒，也是花報，化生極樂淨土成佛則為果報。

善解因果

雖然人們常聽說：「善有善報，惡有惡報。」但因一般人並不

---

[74] 出自慧遠大師著，《三報論》。參閱大安法師講述，〈慧遠大師《三報論》之大略〉，2021年10月2日。

[75] 淨空老和尚講述，〈何謂花報？〉，冬季佛七圓融開示（第二集），澳洲淨宗學院，2002年8月9日。

是以「十善業」[76]來判斷真實的善惡，加上偶爾會看到「好人沒好報，壞人卻有善報。」所以有些人認為沒有因果，因而不信因果，那不是因果出了錯，而是善良的人在過去世曾種下惡因，今生結果，而他今生所造的善業也不會徒勞無功，未來因緣成熟時，必定會結成善果。我們看到一個人作惡多端卻於現在過得很好，那是因他在消耗他過去所修的福報，而他的惡行也一定會在未來受到惡報。如《大寶積經》云：「假使百千劫，所作業不亡，因緣會遇時，果報還自受。」自己所造的業，於因緣和合時，一定會受到果報。因果道理其實是極其錯綜複雜的，若能深入去瞭解因果道理，也就能夠明白為何有人會錯解因果的原因了。

因果不虛

《金剛經》云：「如來是真語者，實語者，如語者，不誑語者，不異語者。」佛是無論在什麼環境裡，所說的話，絕對沒有一個字的妄語，所以我們一定要相信。在許多佛經闡明因果，除了前

76　出自唐朝于闐三藏法師實叉難陀譯，《佛說十善業道經》。經云：「言善法者，謂人天身、聲聞菩提、獨覺菩提、無上菩提，皆依此法，以為根本，而得成就，故名善法。此法即是十善業道。」十善業是指遠離十惡行而發起之業道，即遠離殺生、偷盜、邪行、妄語、兩舌、惡口、綺語、貪欲、瞋恚、邪見。十善業的相反，就是十不善業。

述之《三世因果經》與《十善業道經》之外，再以佛陀之其他聖言加以明證，如《百業經》是佛陀宣說因果不虛的一部甚深經典，共有一百多個公案，具像地描述了善因感善果，惡因招惡果的真諦。[77]另外，在《無量壽經》裡，顯明了因果自然的道理：「無論在天道、在人間、在鬼神、畜生道、地獄等，都在天地之間，在這個天地之間，造了惡業，這個惡業符合那一道，他未來自然就要到那一道去，這就是業力自然，雖然不是即刻，還是會很快報應的。造善業，將來到善道去，造惡業就到惡道去，將來應該歸那一道，就到那一道，如此生生世世不停地造業，就會不停地受苦，如此造業不止、受苦報也不停，生死輪迴就不能了。受苦報的人因為前世不相信道德，既是不相信道德，就不修善本，不修善根，到了今生再造惡業，他的習氣，就是不修善，一但造惡，天神就分門別類地在簿子上記載下來，此人壽命終了的時候，他的靈魂就離開了他的身體而去世，靈魂就墮入惡道裡去，這是說造惡業的人，必然到三惡道去，一到惡道，生生世世在三惡道輪迴出不來，一世一世地這樣生死不斷，無有出期，痛苦不堪。世間作惡的人，也不做一點兒善事，由於業力自然，造了惡業，自然地墮落三惡道，或現生現世就受到痛苦，或者生業障病，這一病，睡在床上，一睡幾個月、幾

---

77 晉美彭措法王傳講，索達吉堪布譯，〈譯序〉，《百業經白話譯釋》，福智之聲出版，2007年1月。

年，求死不得，求生不能。」[78]

總之，佛陀在《無量壽經》裡再三告誡世人，天地間善惡報應，雖不是馬上，但也會來得很快速，前世不信道德，不但不作善事反而為惡，來世自然下入三惡道受無量苦，而且世世輪迴無有出期。造作諸惡之人，不行善積德，都會自然墮入三惡道，不一定等來世，或者今生就會有現世報。有關業力自然之規律，我們凡夫的肉眼只能看到這一世果報，但卻不知前世到底造了何因。佛具有六神通，只要運用宿命通就可以完全明瞭。

在正史上有許多對因果輪迴的記載。譬如，有造惡之人轉世成動物的，在春秋戰國時代，秦國與趙國兩國交戰，結果秦朝的大將白起大敗趙國大軍，趙國四十萬士兵而投降，然而白起卻將這些降兵都活活地埋了，所以造了極重的殺業。根據記載，到了唐朝末年時，有一天天上突然打雷，正好大雷霹了一頭牛，牛肚子上寫著「白起」兩字，歷史評論家認為因為秦國的大將白起殺人太多，因此，他的生生世世都要輪迴當畜生，還要受到雷打的惡報。另外，在南北朝時，梁元帝的前世是一位出家人，他名叫眇目僧，此事記載在史冊中。在史書上也記述了唐代宗他是神人投胎而來的。

在因果輪迴的科學研究方面。比如，在英國的一位著名的心理學家和輪迴學家羅傑·伍爾格（Roger Woolger）博士，他在1960年

---

[78] 出自曹魏，天竺三藏康僧鎧譯，《佛說無量壽經》。原經文詳見附錄《佛說無量壽經》集要第十五則、第十六則、第十七則。

代畢業於英國牛津大學，心理學博士學位。他有許多著作，例如
《治癒你的前世》（Healing Your Past Lives）、《其他世的自己》
（Other Lives Other Selves）、《榮格前世療法》（Jungian Past Life
Therapy）、《永恆的回歸》（Eternal Return）等。這裡舉其中兩個
案例來說明，一個案例是他的一位病人，叫做波娜，他通過對她用
催眠的方法幫助她記憶起自己的前世，結果她在催眠當中看到自己
驚心動魄的兩個前世。另外一個案例是他的另外一個病人，叫做西
爾德格，也是一位女病人，她總覺得做一個女人是上天對她的懲
罰，而自暴自棄，經由伍爾格博士的引導，西爾德格看到了自己的
前生，終於找到了病因。按照伍爾格博士的描述，此兩個案例的人
物所發生的事情，都是在某一生造了極重的惡業，於當生就有很不
好的花報，又於後世遭到了讓人光聽都覺得難過的惡報，足以證明
因果報應真實不虛。[79]

　　近年來，學術界亦研究顯示：「善有善報，惡有惡報」真實存
在。譬如，美國耶魯大學和加州大學合作以「社會關係如何影響人
的死亡率」為主題作研究，研究結果發現，樂於利他助人且和他人
相處融洽的人，其健康情況與預期壽命明顯優於損人利己、常懷惡
意、心胸狹窄的人，後者的死亡率比正常人高出了一點五至二倍。
在不同種族、階層、健康習慣的人群中，都得到了同樣的發現，於

---

[79] 鍾茂森教授（博士）講述，華藏淨宗學會出版組整理，〈因果輪迴的
科學證明〉，YouTube視頻。

是科學家發表了研究結論說：「行善能延長人的壽命。」另外，美國凱斯西儲大學生命倫理學教授史蒂芬‧波斯特（Stephen Post）和小說家吉爾‧奈馬克（Jill Neimark）從現代科學和醫學的角度出發，對人的種種善行，在付出與回報之間究竟能產生什麼樣的關係進行深度的研究。在他們綜合了四十多所美國主要大學一百多項研究成果後，並結合長期追蹤的實驗報告顯示的資料，他們歸納出了讓人驚訝的結論是：「人們善良的行為，比如尊重、讚美、寬恕、真誠、同情、幽默、勇氣等等，這些念頭和行為的付出會帶來的是：付出與回報之間存在著神奇的能量轉換，一個人在付出的同時，回報的能量也正透過各種形式回饋給付出者。」[80]

　　從佛陀的智慧、歷史記載到科學研究結果都證明因果報應真實不虛，不僅人的行為會有報應，甚至於念頭都會影響人的幸福。關於因果報應的案例資料相當豐富，請參閱《因果報應錄》、《現代因果報應錄》、《集福消災之道》與《因話錄》等文獻，其記載了大量詳實的案例，足以證明善惡有報。

消業

　　我們欲根本解決業障，就必須從心地下功夫，了知人生與宇宙

---

[80] 〈善惡有報是真的科學證實〉，《人間福報》。

的真相（因果道理等），使內心不迷惑，因已無迷惑就不會再造業，若無業了那來的業障？[81]因果不能只看一世，因果是通於三世的，三世本身亦有因果關係：過去是因，現在是果；現在為因，未來為果，未來又牽引著未來，過去已不可追，未來尚未到，只有現在最真實；現在又存乎於一心，換言之，三世都在我們當下的一念之中，一念之間的善惡，亦牽動了三世的因果，乃至影響我們的命運；所以要想消業、改變命運，回到當下，就有辦法。[82]當下或現在消業的方法有許多，例如念佛、懺悔、持咒和誦經等，而其效果則建立在真誠心之上。

　　就以懺悔消業而言，佛陀曾於三十三天為諸會眾宣說四力懺悔的大乘法門，亦是諸論典中宣說四力懺悔法的根本依據。《開示四法經》云：「慈氏若諸菩薩摩訶薩，成就四法，則能映覆諸惡已作增長，何等為四？謂能破壞現行，對治現行，遮止罪惡及依止力。」佛陀指出修行能做到四種方便，就能遮止一切罪障，並防止它繼續增長，即破壞現行力（又稱追悔力）、對治現行力、遮止罪惡（或稱防護力）、以及依止力，能令往昔所造惡業速速還淨。因此，我們願積極地透過四力懺悔來清淨往昔所造作諸惡業。這四力當中的第一力，破壞現行力，也就是對無始以來所造的不善業，多起追悔。第二力，對治現行力。也就是在生起追悔之後，進而透由

81　如本法師講述，〈要從那方面入手，才能達到真正的消業障？〉。
82　星雲大師著，〈三世因果〉，《佛法真義》1，佛光文化。

各種方式來淨化所造的惡業。第三力,遮止罪惡力,就是發願日後不再起惡心,真正止息造作十不善業。第四力,依止力:就是仰仗佛力,如依彌陀的弘誓功德力,即一向專稱彌陀佛名,以此作為四力修持的根本。

　　普賢菩薩說,我們不怕業障重,只怕覺悟的遲,若能常常懺悔業障,自然中就有一股力量有能力可以消業。業障是如影隨身,那怎麼辦?沒有困難,念佛持咒的好處就在這裡(可以消業)。[83]就持咒消業而言,一切眾生縱有五無間之罪,一沾真言法味,罪業悉皆消滅,唯在行者深信誠求,不得於持咒功德生疑心,為最要緊。[84]如果以念佛消業,即依佛力消業而言,《觀無量壽經》在下品下生時說,至心(至誠之心)稱念一聲彌陀名號,能消八十億劫生死重罪。善導大師也說:「念念稱名常懺悔。」[85]又言:「利劍即是彌陀號,一聲稱念罪皆除。」[86]也就是說,要消業滅罪,以其他的修行方法,都是比較難且慢的,就只有稱念「南無阿彌陀佛」又易又快。由於六字名號是萬德洪名,具足一切功德,如印光大師說:「阿彌陀佛萬德洪名,如大冶洪爐。吾人多生罪業,如空中片雪。業力凡夫,由念佛故,業便消滅。如片雪近於洪爐,即便了不可

83　地清法師講述,〈如何消除業障〉,YouTube視頻。
84　海濤法師講述,〈持咒功德略說〉,2010年8月18日。
85　善導大師著,《般舟讚》。
86　同前註。

得。又況業力既消，所有善根，自然增長殊勝。」[87]所以無論是消業障、增長功德，還是為了利益眾生和成佛，只要一向專念六字名號，既容易又殊勝。所以若能以至誠心念佛，不但宿業可化為淨業，而且能轉凡心為佛心，如大師在他所寫的一副自勉對聯上所言：「念佛方能消宿業，竭誠自可轉凡心。」根據因緣果的規律，因與緣同等重要，為了速得善果；避免惡報，平日除了念佛、廢惡修善之外，若能運用人生幸福的祕訣及避開惡緣（如惡友、壞的環境），而親近善緣（如聞法、善的團體），則善因易值善緣；惡因難遇惡緣，因而遠離惡報，並速獲善果，得以增進今生的幸福。

---

87 印光大師著，《臨終三大要》。

第五章　五善行

HAPPINESS A

為什麼修習五善行的人是世上第一等人？

茹素有什麼好處？

持五戒可得哪些善果？

如何實踐「給予」？

佛陀教導我們如何修習真愛？

我們可以常說哪些好話？

有哪些善護身心的方法？

世上第一等人

　　五戒是行善者最根本的自我要求。受持五戒，從自利來說，如同在福田裡播種，不用去祈求，自然能享有無盡的善果；從利他來講，其為淨化人心的良方，一人受持，一人得益；萬人受持，萬人得益。[88]有許多人都曾聽過受五戒的益處是：「今生不籠鳥，來生不坐監；今生不釣魚，來生不討飯；今生不殺生，來生無災難；今生不偷盜，來生無搶案；今生不邪婬，來生無婚變；今生不妄語，來生無欺騙；今生不醉酒，來生不狂亂。」[89]《佛說因緣僧護經》云：「持戒最為樂，身不受諸惱，睡眠得安穩，悟則心歡喜。」一般人都認為，持戒會受到許多束縛。其實，持戒才是自由的，犯戒反而會受到拘束。一個持戒的人，他的身體、生命，就不會有諸多惱苦，並使身心自在，因而自然睡得安穩，由於每天生活在戒律之中，內心就很清明，平靜（高意識等級）而容易有所領悟，因此心中充滿歡喜。

　　為了能適應現代人，根據佛法五戒的精神與內涵延伸為五善行，以運用於日常生活當中，若能隨時反思自己的行為，加以改進，就會為自己及他人帶來幸福。五善行包括：第一項慈悲對待生

88　星雲大師著，〈受持五戒〉，《佛法真義》1，佛光文化。
89　宣化上人講述，〈為什麼要受持五戒？〉，《智慧之源》第319期，2015年11月20日（講述地點:美國萬佛城）。

命。第二項給予。第三項尊重與真愛。第四項說好話。第五項善護身心。五善行是自利利他之行，自他兩利是大乘佛教的精神內涵。若一個人的作為能夠自利利他，則為世上第一等人，如《七處三觀經》云：「是人不自護亦不護他人，是最下賤人；護他人不自護是勝上；若人自護不護他人是勝上；若自護亦護他是勝上。若如是人最第一。」

慈悲對待生命

我們體認到生命被殺害的痛苦及殺生會有不好的果報，願學習保護地球上所有的生命。決意不殺生，要護生，勸他人不殺生，並在意念或生活方式上不支持任何殺生的行為，並盡量素食，因為素食有三大好處：第一、有益人體健康。素食降低許多疾病的罹患率包括高血壓、糖尿病、肥胖、心臟血管疾病及癌症等等，進而降低死亡率而延長壽命。第二、減緩地球暖化。素食減少耗用地球的資源及溫室氣體的產生，降低空氣及土地汙染，避免森林消失並減緩極端異常氣候。第三、有益心靈健康。因不用殺生來餵飽肚子，自然身心能夠輕安自在。[90]回顧歷史上對人類有重大貢獻的人物，有許多都是提倡素食或慈悲對待動物非常用心的。茲舉其中的一些著

90　林俊龍（醫師）著，《素食健康‧地球與心靈》，經典雜誌出版，2012年9月。

名人物的真知灼見如下：

* 一個國家偉不偉大、道德水準高不高，可以從它對待動物的方式評斷出來。——印度國父甘地（Mahatma Gandhi）

* 我對人權和動物權益一樣重視，這也應是全體人類該有的共識。——美國總統林肯（Abraham Lincoln）

* 我認為素食者所產生性情上的改變和淨化，對人類都有相當好的利益，所以素食對人類很吉祥。——科學家愛因斯坦（Albert Einstrin）

* 除非你能夠擁抱並接納所有的生物，而不只是將愛心侷限於人類而已，不然你不算真正擁有憐憫之心。除非人類能夠將愛心延伸到所有的生物上，否則人類將永遠無法找到和平。有思考能力的人一定會反對所有的殘酷行徑，無論這項行徑是否深植傳統，只要我們有選擇的機會，就應該避免造成其他動物受苦受害。——德國大慈善家史懷哲（Albert Schweitzer）醫師

* 如果人類不縱容自己的七情六欲的話，那麼他應該會以愛心善待動物；因為對動物殘忍的人，對待人類也一定不會好到哪裡去。我們可以從一個人對待動物的方式來斷定他的心地好不好。——德意志哲學家康德 （Immanuel Kant）

* 吃素以後，人們會和平、健康地活到高壽，並且把類似的生活方式傳給後代子孫。——古希臘哲學家蘇格拉底（Socrates）

* 只要是確實的實驗都說明，任何一種生理或心理的疾病都能靠吃

素和喝純水而減輕病情。——英國著名詩人雪萊（Percy Bysshe Shelley）

　　茹素有諸多益處，尤其能夠滋長我們的慈悲心（高意識等級），而慈悲心是幸福生活的基礎。經上說，能永斷殺生，將有十種善果。[91]如果我們能進而食用有機食物則對身心與環境更是加分。英國和日本都有句俗語說：「We are what we eat。」當然不是說我們吃了什麼就會變成什麼，真正意思是我們吃什麼食物，就會成為什麼樣的人，吃健康的食物，人體才會健康。食物會影響人的健康，古德說：「病從口入，禍從口出。」[92]因此，食物入口之前，理當慎重的選擇。根據已發表的研究論文，從六個方面來看都可以證明有機食品比慣行農法生產的食物健康又好吃，而且營養成分也比較高：第一、從營養的觀點來看，美國農業部的研究顯示，目前慣行農法生產蔬果的維他命含量，僅及60年代的一半。歐洲營養期刊及英國實驗結果也顯示，有機比非有機蔬菜湯含有高6倍的水楊酸，水楊酸為植物天然產生，它可以抗植物逆境和疾病，有機食品不管是在維他命C、礦物質含量、或在抗癌的有效成分上都較高。第二、從食品風味來看，有機食品風味也比較好。第三、以食品安全的角度而言，根據聯合國農糧組織報告結論，優良的有機農場管理可以降低大腸桿菌及微生物毒素對食品的感染，而經常食用

91　詳見附錄《佛說十善業道經》集要第一則。
92　宋朝編撰，《太平御覽》。

加工肉製品的人，會多出67倍胰臟癌的風險，非有機食品常用的添加防腐劑，就是提升癌症發生率的主因。第四、減少化學物質的殘留。第五、減少農藥的殘留。第六、其他尚有對生態、公平、與關懷等方面的許多好處。[93]我們願支持農民有機耕作友善大地的行為，購買有機蔬果，雖然它通常比較貴，但我們可以學習少吃一點。例如當口中的食物咀嚼到幾乎成為液狀時，不但我們會更清楚地感覺非常可口的味道，還變得非常容易消化吸收，當我們開始如此用餐時，因容易有飽足感，很自然地就會少吃一點。另外，「歐陽英樂活生機網」有免費提供健康食譜、保健知識與食物療法（對症驗方）等資訊，可自行上網取得。

我們願以正當的方式謀生，不從事有損慈悲心的事，不選擇傷害生命、汙染或破壞環境的事情或工作。願不投資利己損人的企業，或是會造成汙染的企業。多數人已忘記自己其實也是生物圈的一分子，而以一種與大自然疏離的、不健康的方式，生活在這顆地球上。人類不但隨意耗損地球資源、破壞環境，也以不人道的方式對待其他生命。所有生命皆珍愛自己的身體與生命，於是會逃避傷害和恐懼死亡。人類如是，其它種種的生命亦復如是。這共通點，就是作為其他生物應受到平等尊重的關鍵特質。我們對生物的仁慈心，不應因他們數量已稀少、超可愛、聰明、品種特殊、與人親密

---

[93] 陳世雄（台灣有機產業促進協會理事長）撰，〈吃有機食品好處多〉，環境資訊中心，2010年3月24日。

和有特殊貢獻等，而對他們有不同的對待。因為，每一生物個體，都跟人一樣追求離苦得樂、喜生怕死，都應獲得平等尊重。希望人人將尊重生命成為一種生活習慣，因為對動物殘忍的人，對人也會變得殘忍。我們要體認人和動物雖然形體有異，然而兩者本質相同，因為都是具有佛性的輪迴生命。[94]從無始劫以來，我們亦曾當過無數次的其他生物，換位思考，體會活生生被殺害時的恐懼和痛苦，再以佛法觀點，瞭解宇宙一切生命是同體共生、相互依存的，理應以慈悲、平等、寬容對待所有的生命。

給予

不可以非法將他人的財物占為己有，不經允許而取，不管自取或請他人取，都是不正當的。例如，順手牽羊、經營非法、違法貪汙、詐騙投機、欺罔共同財產等，都是不容許的。對於社會的不公義、偷竊、壓迫和剝削所造成的痛苦，願意在思想、言語和行為上，盡力的協助。決意不偷盜或將他人的財物占為己有，若能永斷偷盜，將有十善報。[95]

俗話說：「給予的人最富足。」我們可以修習給予來有效對治

94　釋傳法（關懷生命協會秘書長）撰，〈讓尊重生命成為一種生活習慣〉。
95　詳見附錄《佛說十善業道經》集要第二則。

慳貪、偷盜，自己已經擁有了，還要他人給予，這是貪心；歡喜給予他人，這是捨心。布施就是一種給予，布施分為三種，分別為財布施、法布施與無畏布施。財布施分外財布施和內財布施，外財布施包括了錢財、醫藥、物質等等的施捨，特別是在他人有所需要時贈予；內財布施則是以時間、勞力、專業的技能或智慧幫助他人，如志工、義工，內財布施比外財布施更難得、更可貴。法布施是指他人不懂得道理，就跟他講說佛法義理，傳授知識、教他技能，如此不但能改善他人的生活，還能開發他人的智慧（高意識等級）。無畏布施是屬於精神層面的布施，目的在免除眾生身心不安、恐懼、害怕。

除了布施外，修習給予的下手處就是「四給」，其中「給人信心」係給予他人言語的讚美與鼓勵，以增益其待人處事和學佛的信心。「給人歡喜」指透由真心誠意與微笑，散播歡喜。「給人希望」為盡量滿足他人的所願，並幫助他人建立美好人生前程。「給人方便」係在他人有需要時，給予適時地提供便利和協助。給予看似利他，實則利己。只要我們常存慈悲之心，處處與人為善，時時落實「四給」就能讓我們的心形成一座美好的橋樑，不但方便了他人，也讓人我溝通無礙；從「四給」的實踐中，我們的生活會充滿喜樂，也能因而廣結善緣。

尊重與真愛

　　為了將尊重落實於人際生活，我們不但要孝順父母、尊敬師長，而且親人之間，相親相愛，並相互信任、相互尊重。人際之間，以慈悲心來溝通，以能贏得尊重。我們持守不發生婚外情。我們願男女雙方在相互真愛的基礎上，結交成為男女朋友，謹記永斷邪淫，可得四善報。[96]以愛情而言，我們愛大自然、愛海、愛山、愛花、愛樹，但我們沒有占有心。甚至於我們看到一棟很藝術的建築物；看到造型新穎的一部車子；看到長得超可愛的一位小孩，我們也會生起愛心，但沒有生起占有的心。愛欲不同於愛情，愛欲就是想要占有、想要獲得，因而成為自私的貪慾；因為有貪愛，因此染汙了自性，所以說愛情與愛欲是迥然不同的情感。修行人也一樣有愛，如佛陀為年老的比丘穿針引線，為生病的修行者倒茶侍候，佛陀對眾多弟子，還有許多愛的故事，那是淨愛而沒有染著，是對一切眾生平等的大愛（高意識等級）。因此，佛教稱人為「有情眾生」，也就是說，人間不能沒有愛，有愛才有力量，得以造就幸福快樂。願我們的社會，人人都能把愛情轉化為慈悲，並將過度的愛欲昇華。[97]

96　詳見附錄《佛說十善業道經》集要第三則。
97　星雲大師著，〈愛欲的昇華〉，《佛法真義》1，佛光文化、星雲大師撰，〈把執著的愛淨化就是慈悲〉，2015年1月9日。

　　我們都是被愛推動的，因為愛是最大的喜悅，但若將愛與執著、貪愛拌在一起，反而會是最大的痛苦。我們只要認清了痛苦的根本原因，學會更深刻瞭解自己與摯愛的人，就可享受從真愛而來的安詳和喜悅（高意識等級）。佛陀曾在《愛欲品》中用兩個字來形容愛。第一個字不是只指兩人間的愛情，也是對所有人類的愛，這個字是不執著的，是真愛。第二個字是貪愛或欲望。但若把這兩個字放在一起，就是形容一種包容欲望的愛。[98]如果我們對摯愛的人之愛，昇華為沒有執著、貪愛，就能漸漸成長愛到所有人類，甚至所有一切。一行禪師〈真愛〉詩句中云：「學習真愛，我看見你的眼睛真的由六大所造，此地、此水；此火、此風；此空、此識，此六大就如你的雙眼一樣美妙。愛著你的眼睛，我也愛藍天；愛著你的聲音，我也愛明亮清脆的鳥鳴；愛著你的微笑，我也愛色彩繽紛的蝴蝶輕吻萬千花朵。每一刻，我學著做個懂得真愛的人；每一刻，我使真愛顯現。你的眼睛美麗，你的聲音、你的笑聲美妙，如那藍天；如那婉轉清脆的鳥鳴；如那輕盈翩翩的蝴蝶，美妙無比。我愛一切，願保護一切，對！我知道，愛是尊重，是保護，是不侵犯。尊重與保護是我的真愛。」[99]「六大」，又名六界，指地、水、火、風、空、識。有情皆由六大所造，因每個人與有情都是由

98　一行禪師著，雷叔雲譯，《愛對了：用正念滋養的親密關係，最長久》，橡樹林文化，2020年9月。

99　一行禪師詩作，〈真愛〉，梅村（plum village）。

六大所組成的，因緣和合而成的，我們所愛的人是六大所造，其他非情亦都由地、水、火、風、空所組成，看到所愛的人，就是看到六大，此六大如同所愛的人一樣美妙，看到其他萬物也會感到美妙無比，因而生起愛一切以及願保護一切的大愛。

真愛須先「傾聽與理解」，比如用心專注的聽、釐清對方的意思，應換位思考和將心比心以避免批判，再回應所聽到的，如此才能幫助自己減輕痛苦，也能幫助對方減輕痛苦；自己幸福快樂，也讓對方幸福快樂。在佛陀的教導中，真愛有四個元素：慈、悲、喜、捨，即四無量心。慈，有能力帶來自己和他人幸福快樂，如果無法幫助對方得到幸福，那不是真愛。悲，能拔苦的能量，它能轉化自己與對方的痛苦，如果無法轉化和照顧自己與對方的痛苦，那不是真愛。喜，能給予喜悅的能力，有能力令自己和他人喜悅，如果常讓對方流淚，那不是真愛。捨，包容與平等心，他人的痛苦與幸福，就是自己的痛苦與幸福，再也不會有獨立的痛苦與幸福。如果能持續培養四無量心，不久我們的愛將擁抱一切，因為愛會不斷地成長，我們的愛擁抱所有的人，而幸福會變得無限，這就是大愛，此時已能包容更多，不只是人類，包括動物、植物和礦物。

說好話

我們願說好話，勿口出惡言，為了要弘法利他，務必說好話，

若因惡口、說挑撥離間之語、說謊話，這些都是妄語業，也是犯了根本的重戒。所謂說好話，就是正語，正語是佛法的八正道之一，強調用言語來修行，凡是給他人歡喜、讚美的話是好話，以鼓勵代替批評；以愛語代替責罵都是好話，若能說實話、愛語，說話至誠、柔軟，口不出惡言、不說搬弄是非之語，將可獲得諸多好果報。[100]

《弟子規》裡也闡述了如何善於言語，是求學之人應循的軌範，頗值得學習。《弟子規》說，開口說話，總以誠信為先（最重要），答應他人的事情，一定要遵守承諾，沒有能力做到的事不能隨便答應，更不能狡詐與虛偽。說話多，不如少說，因為言多必失，說的話只要確實恰當，切忌花言巧語。尖酸刻薄的話、髒話、流里流氣、粗俗的話，都要切實戒掉。看到的事情沒有弄清楚，不要隨便亂說，自己沒有明確了解的事（比如聽來的事情沒有根據或查清楚），不要輕易散布出去。對於不妥當的事情，不能隨便答應他人，一旦輕易承諾，便會進退兩難。凡是說話的時候，字字句句要清楚而且流暢，說話時不能講得太快，不能講得含糊不清。別人說長論短，與自己無關，不要加油添醋、多管閒事。

我們體認到溝通時不懂得專注地傾聽所帶來的痛苦，願學習使用耐心地傾聽和愛語，為自己和他人帶來快樂，減輕痛苦。愛語是

100　詳見附錄《佛說十善業道經》集要第四、五、六則。

佛法的「四攝法」之一，是指慈悲的言語、表情與態度。也就是能夠把自己內心想要對人表示的關心、體貼和勉勵，透過言語、表情，或肢體動作表現出來。以真誠心地說話，使用能夠給人信心、給人歡喜和給人希望的話語；當感到生氣、痛苦時，深呼吸念佛不說話，讓內在慈悲的種子現起以擁抱它，猶如母親抱著哭泣的孩子，方能觀照生氣的根源，尤其是自己的認知錯誤，對自己和他人的痛苦缺乏理解。願使用專注傾聽和愛語，幫助自己和他人停息痛苦，尋找走出困境的方法。我們亦願不散播不確實的消息，不說會引起家庭和團體不和睦的話語。隨時提醒自己：說話是分享幸福快樂，話多不如話少，話少不如話好；好話要多說，是非不用論。一句讚美的話，一句溫馨的話，一句鼓勵的話，如同一股股暖流，溫暖人的心，所以我們願學會如何說好話。常說好話，好人緣近悅遠來，讓好言好語充滿人間，使所到之處步步有蓮花。

善護身心

我們願以正確飲食習慣和消費行為，以保持身心健康。決不投機或賭博，也不飲酒、使用麻醉品或其他含有毒的心靈食糧或商品，例如書刊、電視節目、電影、電子遊戲、音樂、某些網站、某些演講和講話。願修習無上深妙禪（詳見第七章），不讓懊悔和傷痛帶回往昔，也不讓憂慮和恐懼，造成不安。學習不用消費來逃避

痛苦、憂慮或孤獨。我們只希求有益於身體的健康是不夠的，還要求有益於思想上、心理上的健康，才能獲得身心靈的整體健康。比如修習佛法可以提升自己的心靈能量（意識等級），可以使自己的生命充實、美好。

我們願從事一些有益身心的活動。例如可常做深呼吸，因容易又隨處可做，在走路時、公車上、工作空檔，或對著公園的樹都能練習，在空氣新鮮的戶外，也可以有意識地多做深呼吸。尤其是在面對突如其來的負面情緒時，深呼吸更能適時調節身心壓力、穩定心情。深呼吸有五大好處：（一）對身心有益（二）改善決策力（三）減緩疼痛感（四）助重新入睡（五）減壓抗焦慮。[101]如果採用阿爾發（alpha, α）腹式呼吸法，集中精神在腹式呼吸，則能透過前額葉刺激下視丘（調整自律神經、內分泌機能等的部位），而促進腦內催產素（oxytocin）的分泌。催產素有抗壓力、鎮靜、止痛作用，還可以減輕焦慮不安、安撫情緒，對憂鬱情緒有正向的療效。其對憂鬱以外的其他多種症狀或疾病也有效。例如，高血壓、失眠、恐慌症、肩頸僵硬、肢體慢性疼痛、耳鳴，以及暈眩、眼睛疲勞等症狀。[102]阿爾發腹式呼吸法是指吸氣時讓腹部凸起，呼氣時壓縮腹部使之凹入的呼吸法，其節奏是8－8－8－4。鼻吸鼻呼，吸

---

[101] 〈深呼吸有益身心健康〉，《人間福報》，2022年5月8日。

[102] 高橋德（威斯康辛醫科大學教授）著，胡慧文譯，《愛的荷爾蒙：療癒身心‧召喚幸福》，新自然主義出版，2019年1月。

氣時數8，停氣（憋氣）數8，吐氣時再數8，停氣數4，再重覆3次以上。

又如運動、接近大自然及陽光沐浴等有益身心健康的活動。運動對於身體的健康已經有很多的研究文獻系統性的加以證實。[103]運動有益健康也已成為常識。例如運動可以降低體重，增強肌肉，而且依據流行病學研究證據顯示：運動可以降低癌症、糖尿病、老人失智等風險。[104]運動也有益心理健康。根據研究顯示，適宜的身體鍛鍊對心理健康狀況的改善具有重要的價值。[105]比如自行車運動參與程度較高者（較常騎自行車運動者）有較高的幸福感；自行車運動參與程度較高者生活壓力也較低。[106]國內外許多學者專家均發現運動訓練可改善患者的心理健康。[107]在接近大自然方面，一篇英國艾希特大學（University of Exeter）發表在國外著名期刊《科學報告》（Scientific Reports）的研究結論為：每週親近大自然至少兩個小時，如此不但對身體健康有益，而且還可以提升個人的幸福感。

---

103 黃耀宗・季力康撰，〈運動對心理健康的反應機轉〉，《中華體育季刊》12卷1期，1998年6月1日。
104 王道還（中研院助理研究員）撰，〈運動的健康紅利〉，《科學發展》471期，2012年3月。
105 蘇裕盛・余春森撰，〈新冠疫情背景下運動介入對大陸高校學生心理健康的影響〉，《實踐博雅學報》32期，2021年6月30日。
106 張清源・曾秋美（助理教授）撰，《運動與健康研究》1卷1期，2011年10月1日。
107 石蓉芬・施以諾（教授）・曾馨慧撰，〈運動訓練與血液透析病人心理健康〉，《東港安泰醫護雜誌》11卷3期，2005年9月1日。

例如，接近大自然可以降低血壓和肌肉張力、提高注意力， 改善精神能量、減少壓力、改善記憶、提高創造力、減少焦慮和憂鬱、提高自尊、增強信心與增強免疫系統等。又我們若能在天氣好時抽空沐浴陽光15分鐘，因而不但能增加免疫力、減輕心理壓力，而且能使身體產生維生素D。沐浴陽光是免費、容易且有效的保健方法。陽光沐浴最佳時刻是早上10點到下午3點。適當的陽光沐浴可得五大益處：（一）能提高大腦認知功能（二）調節情緒（三）改善睡眠品質（四）增強免疫力（五）降低患癌症風險。[108]尚有許多其他正當且有益身心的活動，我們也可以從中選擇有興趣者，以增進今生的幸福。

另外，如果一個人無所事事、飲食不節制、生活靡爛，甚至晨昏顛倒，則無益於身心，因而可從事一些有意義的工作或活動，如念佛、聽經聞法、行善利他（如當志工、義工）、從事有益身心的休閒活動和工作等，才能對身心和社會人群有所助益。以工作來講，工作除了有收入之外，尚可修習專注、感到活著的意義與價值、學到工作經驗、廣結善緣、有許多感謝他人及被他人感謝的機會等諸多好處。

---

[108] 楊景端（醫學博士‧醫師）講述，〈陽光沐浴能治哪些病？〉，《四維健康》，YouTube視頻。

第六章　修習善法

HAPPINESS A

為什麼修習善法可為我們帶來幸福？

如何轉化瞋恨心呢？

慈悲心怎麼培養？

何以積極努力有益於達成福慧雙修？

修習無上深妙禪與智慧有什麼關係？

修習四行觀的目的為何？

六根本資糧

六根本資糧係源自於佛陀教導的六度。六度中，布施、持戒、忍辱三者屬於修福報的行為；禪定和智慧（高意識等級）二者屬於修智慧的行為，精進則有益於達成福慧雙修。為了讓現代人易於理解與實踐，為自己和他人帶來幸福快樂，因而依據六度的精神與內涵，重新演繹為六根本資糧，其包括：第一項利他。第二項自制。第三項寬容忍耐。第四項積極努力。第五項深妙禪。第六項智慧。

△利他

利他，就是對他人好，為他人提供方便和幫助。我們願以歡喜心去幫助他人，因為助人不是苦事，反而是樂事。我們受到他人的幫助，得到的是滿足，而去助人，得到的是成就感和快樂，那是用錢買不到的。依據耶魯大學醫學院研究人員安素爾（Emily B. Ansell）等人研究發表於《臨床心理科學期刊》（Clinical Psychological Science）上，其研究結果顯示助人可使人減輕壓力、心情變佳，助人愈多者的情緒愈正面，即使想起日常壓力時的情緒也不會變為負面。最近另一份研究實驗證明，讓他人快樂會令自己更快樂，根據美國北卡羅來納州伊隆大學（Elon University）的研究結果，主持人蒂托娃（Milla Titova）說，無論這背後原因是什麼，讓他人快樂是使自己感到快樂的關鍵所在，其將研究論文發表在《積極心理學期

刊》（Journal of Positive Psychology）上，其研究結論是：「去做一些讓他人快樂的事情，遠比滿足個人私慾更快樂。」上述研究足以證明利他會帶來自身的快樂，因此利他其實也是利己。

說正面的話是一種利他，我們願修習講出來的言語，讓他人聽了很悅耳、很歡喜、很感謝。常常如此言語，人生就活得安穩，而且由於平時懷有善念，多為他人設想，念念利他，自然就能讓善念不斷增長，如此可以善念來轉化惡念以護心，並能感應好事遠離惡事。對人親切也可視為是一種利他，因「讓人感到親切」具有很好的人際吸引力，其可縮短與他人間的心理距離。如果是一個能令人感到親切，溝通時，他人情感的大門會主動敞開；勸說時，他人心中的鬱結會自動解開……可以說，使人感到很親切，為利他的基礎。

我們更可以透過布施而利他，尤其是法布施。《增一阿含經》云：「施中上者不過法施。」在種種布施當中，最上等的布施是為法布施。只要我們認真努力去修習，果報會愈來愈殊勝。我們每天最好的發願是：「願我利益最多眾生。」這種心念會吸引我們意料不到的好遇，進一步積極利他積福，淨化將來會帶來痛苦的種子。隨喜他人行善利他、孝敬父母和獲得利益與健康等很容易積福，若能隨喜佛菩薩所做，所積的福報更是不可思議的。尤其隨喜大慈大悲彌陀所發之弘誓願，積極主動平等無條件地救度十方眾生，攝取不捨的真言，超世希有正法。

△自制

戒就是預防犯錯，在尚未染到惡習之前，就要特別注意，如果犯了，就要趕緊改過。五戒是佛陀告訴我們要守的基本戒律，經上說，茹素會帶給人類是健康長壽，不跟眾生結冤，不殺生得長壽的果報；不偷盜得大富的果報；不邪淫得相好莊嚴的果報；不妄語得大眾對你尊敬的果報；不飲酒能增長智慧，所以能修習自我控制（自制），就能夠持守五戒，自然能夠感得福德、長壽、健康、富有，以及家庭事業樣樣美滿，這是今生可以得到的，未來的果報一定比現在更殊勝。[109]

為了得到好命運，而修習五善行，持守戒律，為人能言行一致，這些都須靠自制力。史丹佛大學教授凱莉‧麥高尼格（Kelly McGonigal）指出，由心理學研究得知，能使人生變得正向的因子有二大要素，一是智慧、二是自制力。[110]美國賓州大學亦曾以自我控制力為題做實驗，結果發現要想成功，不需要多高的智商，需要的是自制。[111]瑞典的一份研究顯示，自制力量表得分越高，越能夠

---

[109] 淨空老和尚講述，《無量壽經菁華》第四集〈持五戒的果報〉，華嚴講堂檔名：02-038-04。

[110] 凱莉‧麥高尼格（Kelly McGonigal）著，《輕鬆駕馭意志力》，先覺出版，2012年8月。

[111] Annie Bi撰，〈成功的人共通點不是IQ 高，而是「自制力」強〉，《遠見雜誌》。

達成各種生活目標。相關研究亦指出有好習慣可達成生活中種種美好的成功。[112]

自制力高的人，其實他們根本不需要控制自己，他們是透由養成習慣來使行為自動化，是習慣讓他們輕鬆達成目標。以固定每週六晚餐全家吃蔬食為例，我們可以透過以下四個步驟，建立起全家蔬食的習慣：（一）創造固定的情境（每週六，晚餐吃蔬食）。（二）降低阻力（一開始由自己親手來燒菜、煮飯和洗碗，以減少阻力）。（三）提供獎勵（準備每個人喜歡吃的食物，對家人說愛語等）。（四）重複多次，直到這件事變成習慣（即使其他家庭成員有些意見，也要好好溝通，以持續下去）。

另外，有一些方法能幫助我們提高自制力：

（一）寫下特定目標，如創造環境或條件戒掉吸菸、殺生等習慣。（二）常確認目標是否進步。（三）記錄每日活動。注意使自制力降低的事情。嘗試盡可能避免這些環境，並增加使自己感覺歡喜的活動。（四）經常正念念佛（詳見第七章）或冥想使心安定。因冷靜的頭腦能令自己在壓力環境下保持自制。（五）運用可以減低壓力的方法。例如，轉念或從事有益身心的活動。（六）在說話或行動前做幾次深呼吸，以作深思熟慮等。（七）能夠傾聽自己內在的聲音、隨時提醒自己、和自己對話，同時把身心調整成到良好

---

[112] 溫蒂·伍德撰，〈自制力高的人其實根本不用控制自己〉，《天下雜誌》。

的狀態。（八）培養積極正面的自我暗示技巧。例如，不要想：「我年紀不小了，因此再怎麼努力也來不及了！」，而是想：「雖然我年紀不小了，但只要努力，會有成功的機會。」

△寬容忍耐

當我們來自他人的傷害，會讓我們感覺不愉快，甚至怨恨。尤其當被深深傷害時，想要不懷恨在心是很難做到的。但是如果我們在平時多聞法、修習前述的方法和修習無上深妙禪等以培養慈悲心，就能轉化痛苦和怨恨。因慈悲是化解瞋恨最佳的良藥，慈悲成就了，瞋心自然消除。我們必須轉化瞋心，否則隨之而來的必然是有礙修行的，如《華嚴經》云：「一念瞋心起，百萬障門開。」又《眾經撰雜譬喻》卷上也說：「一念瞋心起，火燒功德林。」因此，我們體認到瞋恨之過患要積極防止，否則百千劫所積累之功德，由於起一念瞋心，全部摧毀。無論是做學問，或是從事任何行業或是修行，都必須轉化瞋恨心。如能了解自因自果，何須怨恨他人，唯是己業所感，應予以寬容忍耐。

佛陀說過，一個沒有佛法的人，遭遇痛苦時，往往悲傷不已，甚至徬徨迷惑，不知如何安頓自己，這就如同中了第一支箭以後，又中了第二支箭增加痛苦；相反的，擁有佛法的人，遭逢痛苦時，絕不徒然悲歎，乃至怨天尤人，心神不安，因為他擁有智慧，不會再受第二支箭而增加痛苦。因此，如果被害或受到傷害，應運用佛

陀教給我們可以轉化恨怒的方法，那就是用慈悲心、思惟自因自果的道理、念念分明地深呼吸和於大自然中行走念佛，擁抱負面情緒，深觀其本質，以及對方深受其苦，也需要幫助等以轉化瞋恨、痛苦。這裡有一些寬容轉化瞋心的智慧之言，值得參考：

＊人之謗我也，與其能辯，不如能容。人之侮我也，與其能防，
　不如能化。——弘一大師

＊每個人都能縮小自己時，大家的空間就變大了。——證嚴上人

＊紫羅蘭把它的香氣留在那踩扁了它的腳踝上，這就是寬容。
　——馬克吐溫

＊與人為善就是善於寬諒。——弗羅斯特

＊世界上最寬闊的是海洋，比海洋更寬闊的是天空，比天空更寬
　闊的是人的胸懷。——雨果

＊以溫柔、寬厚之心待人，讓彼此都能開朗愉快地生活，或許才
　是最重要的事。——松下幸之助

　　世間上，擁有寬容忍耐（忍辱）的心，可以讓我們有所依靠，而有了寬容忍耐的力量，就像一個人有了可安身的房子，雖然遇到了諸多的挫折打擊、橫逆災禍，有了寬容忍耐，才耐得住傷害、苦痛及種種迷惑，使身心能平和穩定（高意識等級），神色自然。[113]

---

113 原經文：「世無所怙，唯忍可恃；忍為安宅，災怪不生。忍為神鎧，
　　眾兵不加；忍為大舟，可以渡難。」出自《羅云忍辱經》。

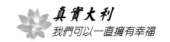

依據《大集經》記載，寬容忍耐（忍辱）可以獲得許多利益，如忍能得安樂，離孤獨，增美名譽，得富自在，具端正，成工巧除憂惱，得好容色具眷屬，招諸勝報，得人樂觀，息諸苦，得壽命長，息諸怨，滿六度與速得菩提道等。

△積極努力

積極努力不是自我的享受，而是積極的利人。積極努力的人不但自己活出快樂，也為他人減輕痛苦和帶來幸福。積極努力的人，願學會轉念，為自己的比下有餘而慶幸。我們願有「動口不如動手、求人不如求己、忌妒他人不如向他學習與認命不如改命等」的人生態度。如此積極努力，才能創造喜悅的人生，才能活出信心與希望。

許多人不了解積極努力（精進）的意思。實際上，積極努力旨在對治懈怠、懶惰，而心急和緊張不是積極努力，這只會使你容易疲勞，甚至煩躁、不安。正確的心態，就是要將身心都放鬆。所謂積極努力（精進），是細水長流，猶如天然泉水，緩緩地、持續不斷地往下灌注。不會修習的人，往往拚命三郎似地用猛力，那不是積極努力，而是一種自我摧殘的行為。積極努力（精進）的態度，不是希望馬上得到結果，或希望馬上見到、經驗到修行的好處。真正的積極努力（精進），是以精進心對治懈怠心，不同於盲修瞎練

的苦行，而是不急不緩、不苦不樂的中道行。[114]

　　《大智度論》云：「精進法，是一切諸善法之根本，能出生一切諸道法，乃至阿耨多羅三藐三菩提。」積極努力（精進）能策發一切善行，與一切功德相應，六根本資糧中若缺少了積極努力，則其餘五者皆不能圓滿。積極努力是辛苦呢？還是快樂呢？由於精進可策發一切善行、善法，因而是利人利己的，雖然看起來積極努力是辛苦，但實際上是快樂的。如《勸發菩提心文》說：「修行則勤勞暫時，安樂永劫；懈怠則偷安一世，受苦多生。」可以說勤行一生受永樂；怠惰一世苦無盡。積極努力必須是自他二利的行為，才是正精進。佛經有四種正精進，又稱四正勤，即：還沒有犯的惡事、惡念，要用智慧不讓它生起；已犯的惡行，要勇於懺悔、改過；好的念頭、沒有做的善行，要有勇於讓它萌芽；已行的善行、好念，要能讓它成長、茁壯。[115]總之，對於廢惡修善之行，必須要積極地去做，不能稍有懈怠、放逸。《佛遺教經》云：「若勤精進，則事無難者，是故汝等，當勤精進。」凡事只要持之以恆地努力不懈，一定能消除所有障礙，達成福慧雙修。我們願於日常生活當中，隨時念佛、積極聞法、修習五善行和善法，讓擁有幸福不再是困難的事。

114　參考聖嚴法師著，〈正精進〉，《聖嚴法師教默照禪》，法鼓文化，
　　　2004年1月。
115　原經文：「未生惡令不生，已生惡令斷除；未生善令生起，已生善令
　　　增長。」出自《三十七道品》。

△深妙禪

　　每一個時刻是否幸福，取決於我們自己，是我們讓此時此刻幸福，而非此時此刻讓我們幸福。隨時攝心念佛（詳見第七章）、專一和深觀，使每個片刻都成為幸福的時刻。幸福不是他人送來的，也不會從天上掉下來，幸福是我們透由修習佛法滋長出來的。如果我們平時念佛以念從心起，聲從口出，音由耳入，了了分明地念。果能字字句句，聽得清清楚楚，則六根通歸於一，得以攝心得定。我們可以攝心念佛修得禪定，因為「念佛定來即是禪。」[116]念佛法門是無比深妙的，佛陀在《大集經》上說：「若人但念阿彌陀佛，是名無上深妙禪。」所以在《觀佛三昧經》中，佛陀勸導祂的父親（父王）修習念佛法門。父王問佛陀：「佛的果地功德，真如實相第一義諦真空妙理，為何不讓弟子行持呢？」佛陀告訴父王：「諸佛的果地功德，有無量深妙境界和神通解脫功用，不是凡夫修行所能達到的。父王雖為國王，實乃凡夫，所以勸父王行持念佛三昧。」那是正法時期，佛在世時，不教他別的，而只勸父王行持念佛法門。我們要細心、冷靜的觀察，才知道這個法門超勝一切法門，無量無盡法門當中，它排名是第一的。[117]念佛何以說是禪？不

116　承天禪寺編著，〈廣欽老和尚開示錄〉，《廣公上人初編續編合刊》，佛陀教育基金會，2004年12月。

117　淨空老和尚講述，〈淨土大經解演義〉，第二六七集，2011年2月6日，地點：澳洲淨宗學院，檔名：02-039-0267。

但是禪，而且是「無上深妙禪」。念佛，心裡面只有一句佛號，這一句佛號清清楚楚，了了分明，這是禪；念佛人身心世界萬緣放下，那是定，這就是無上深妙禪。[118]大勢至菩薩是蒙超日月光佛教其念佛三昧而成就的，在楞嚴會上，佛陀問大勢至菩薩修行圓通的法門，大勢至菩薩回答說：「佛問圓通，我無選擇；都攝六根，淨念相繼，得三摩地，斯為第一。」[119]意思是說：「佛陀問我選擇甚麼樣的圓通法門，可以使修行人能最迅速、最有效地得到成就。事實上，我無選擇，因只要令六根不起分別、妄想，使六根都歸攝於念佛的淨念上，如此便可把六根統統管住了。若能持續念念不離淨念，心心與佛相應，一旦功夫到了，自然就進入念佛三昧的正定境界。這是真正第一的法門。」我們可以念佛的心，把妄想、雜念都止息了。用一念的念佛心來都攝六根，這六根眼、耳、鼻、舌、身、意，對著色、聲、香、味、觸、法六塵這種境界，都不被這種境界所動搖了。所謂以念佛而轉一切境，就是以念佛法門而不為一切境所轉。我們只要念「南無阿彌陀佛」，都攝六根，就不會再著住到染污法上了。所以都攝六根是一個總持的法門。念佛的每一念沒有雜念，沒有妄想，這就是淨念。若能每一念不間斷，這就是淨

---

[118] 淨空老和尚講述，〈大乘無量壽經指歸〉，第四十五集，1996年4月，地點：美國聖荷西，檔名：02-031-0045。

[119] 原經文詳見附錄《大勢至菩薩念佛圓通章》集要。三摩地又譯為三昧，意思是正定。

念相繼。[120]

我們可透由修習無上深妙禪（詳見第七章）以攝心得定，甚至達到念佛三昧（正定）。惟不建議以自力之心將修習之功德迴向往生，[121]否則由於疑信佛智者，只能「胎生」極樂淨土；而信受彌陀大願力之修習者，因明信佛智，直接蓮花「化生」極樂淨土，花開見佛，剎那之間，身相具足，功德成就。[122]因此，若能以深信彌陀弘誓力，一向專稱彌陀佛名，就已具足無上功德，不論有無得到念佛三昧，今生都必定「化生」極樂淨土，直接面見彌陀。

△智慧

我們修習佛法欲得智慧，須先以自制力遮止惡行，再由修習無上深妙禪以生定，自然由定開發出人人本有的智慧（高意識等級）。佛陀曾告訴阿難，你常聽我所說大小乘律藏戒律的道理時，我宣說了修行要依照三種決定義，也就是修習戒定慧。首先，先攝心，把攀緣心收回來，不打妄想，先要攝制這個心，這就是戒，這是個防非止惡的好方法。你首先有了戒，心就不搖動，如水面澄清

---

120 宣化上人講述，〈照妖鏡〉，《經典開示選輯（一）》。
121 《佛學大辭典》對「往生」定義是：「去娑婆世界往彌陀如來之極樂淨土，謂之往，化生於彼土蓮華中，謂之生。」所以往生就是離開娑婆世界前往彌陀極樂淨土蓮花化生。
122 原經文詳見附錄《佛說無量壽經》集要第十三則。自力之心是指想靠自己經由念佛或行善所修得之功德迴向往生極樂淨土之心，如此代表其對彌陀的誓願及六字名號功德有疑心。

了，可看清楚萬物。這個心不動搖，就生出定來。到了持續不動搖，心清淨到極點了，就開悟了。因這個定就生出一種真正的智慧。先守戒，由戒生定，由定發慧，此戒定慧稱為三無漏學。[123]我們可以藉由修習無上深妙禪以生定，自然由定開發出智慧。智慧為六根本資糧的眼目，其他五度須依其而行。有了智慧，就可以用來深觀實相的本質，就能妥善地處理有關人、事、物等問題及作好抉擇，如此我們就能增加今生的相對幸福，同時依佛力修習無上深妙禪（一向專稱彌陀佛名），則必定能獲得絕對幸福。

二入四行

禪宗菩提達磨（達摩）祖師認為學佛悟道的有許多途徑，擇其心要可簡單歸納為二種，一種是由道理入道，另一種是由行為上而入道。由道理進入指的就是，透由瞭解教理而領悟，知道眾生本自具足真如本性，人人都有佛性。只因妄想、執著障礙住了，無法顯露出來。若能沒有妄想，執著，就能回歸真如本性，安住於正念、任心自在，不生分別，不但無自無他，而且沒有凡聖分別的相對意識，堅住正念，不落文字，語言，名相或經教，這樣就符合真理的

---

123 原經文：「佛告阿難。汝常聞我毗奈耶中。宣說修行。三決定義。所謂攝心為戒。因戒生定。因定發慧。是則名為三無漏學。」出自《楞嚴經》。

第六章　修習善法

體性，沒有一點點分別，不但不起心動念，而且了了分明，這就是所謂的由佛法的道理悟入。另一種，由行為上入道有四種方便的行門，所有八萬四千行門通通包括在這四種行門當中。是哪四種呢？第一、報冤行，第二、隨緣行，第三、無所求行，第四、稱法行。

△報冤行

報冤行係指在受苦時，應當思惟自己從往昔無量劫輪迴以來，由於忘了人生真正重要的根本大事，而迷失在生活微末小事裡，一直流浪於因果輪迴業海，心中常生出怨恨，也常傷害他人，跟無數的眾生結下了惡緣。由於宿業之惡果已經成熟，因而現今所受的苦不是上天或是他人給予的，要甘心接受，不怨天尤人。經上說：「逢苦不憂。」因為了解今生受苦的原因，是過去所造的惡業如今成熟了，當然要受果報；然而受了果報之後，業障自然也就消了。內心通達因果報應的規律，這個心就與真心相應，得到解脫。也體認到冤屈可以精進自己的道行，這就是報冤行。

△隨緣行

隨緣行是指知道宇宙萬法皆為因緣和合所生，緣起性空，所以是沒有自性的、是空性的。隨善惡業力而流轉，人生夾雜著有苦有樂，都是由因緣所和合產生的。如果有了殊勝果報得到榮譽等事，應該知道這是宿世累積的善因所感招，今生才有此善報，但當緣盡

了，一切又回歸於無，知道一切得失都是因緣，體悟火宅無常的世界，萬事皆為虛假，唯有藉假成真，因而遇喜事心亦不動搖，這樣就暗自合乎真道，這就是隨緣行。

△無所求行

　　無所求行，指世間人常常處於迷惑的狀態，缺乏時想求有（如金錢），已經有了想得更多（富有）。真正有智慧的人了悟真理，心情保持安定不刻意作為，凡事隨順因緣。心安住於無為法上，身形還是隨著外面的環境在運轉，運轉了之後，到最後沒有一法可得，這才是所謂的「修一切善法，不執著一切善法」。了知世間的一切都是相對的，有黑暗就有功德，功德與黑暗是互相消長、如影隨形的；換句話說，有正必有邪、有善就必有惡。瞭解一切萬有本空，所以沒有貪求意樂。在三界輪迴裡久住，猶如住在火宅裡。只要有受報的身都會有痛苦，若能通達真理，無所貪求，一切隨緣，則可止息妄想，經典上說：「有求皆苦，無求就安樂。」對無求有定解，得以安寧快樂，才能合乎正道而行，即是無所求行。

△稱法行

　　稱法行是指最直截了當、不著相之行。因法的本體，無定形定相，凡執有相，都是「非法」。若心不攀緣，則心裡不存任何牽絆，即是無相。因自性清淨的理體，在佛法裡是最高無上的理，亦

是真正的法性。這個法性，完全沒有一切相，更是沒有任何染著，也沒有一切相的對立。經曰：「法無眾生，離眾生垢故；法無有我，離我垢故；智者若能信解此理，應當稱法而行。」眾生本來就是空性，那裡有個眾生？若度眾生，執著有個眾生，在八識田裡就有眾生相現出來。眾生相現出來了，就是有為法，屬於生滅、識心，與性淨之理不相應，性淨是無有眾生、一法不立的，如果執著有個眾生，這一念心就被「眾生」染汙，也有了塵垢。一切法都是緣起，都是空相，不但無為法無有我，就是有為法也沒有一個所謂的我。有智慧的人若對這個道理瞭解了，而且又深具信心，那就應該在日常生活當中，如性淨之理而行事。法性無慳貪，於布施時，沒有可惜不捨之心，通達三輪體空，不偏倚亦不染著，但是為了遠離一切染著，度眾而不著於眾生相，如此既能自利又能利他，同時報答佛恩。修布施是這樣地如法而行，並以同樣道理修習其他五度。為了轉化我們的妄想，所以我們必須修習六度法門，但於行六度時不著相，這就是稱法行。[124] 總之，通達因果報應的道理，我們可以逢苦不憂，再因了解隨善惡業力而輪轉，致人生苦樂參半，此皆是由因緣和合而生，逢榮譽等事，心亦不動搖。又能無所貪求，一切隨緣，妄想就會轉化，在日常生活當中，如法而行事，自自然然地行六度，無任何執著，今生就能活得自由自在。

---

[124] 菩提達磨大師著，《二種入四行觀論》。參考〈達磨二入四行觀〉，《開山祖師法語・經論開示》，中台世界。

我們修習善法應重視解行並重，因解和行猶如鳥的雙翼，古德亦比喻說：「知如目，行如足。」解如眼睛，行如雙足，眼睛和雙足兩者相輔相成，才能走得穩當。解是自覺自悟，來提升自我心靈能量（意識等級），並瞭解修行的正見、方向、步驟和過程等；行是指在日常生活當中實踐佛陀的教法。如果是聖道門仗自力的修行者，行善和修習善法等是相當重要的，因得以積功累德，以獲得增上生；若是淨土門仗佛力的修行者（沒有行諸善以獲救度之心），由於六字名號本身就已具足無上功德，只要今生一向專念彌陀佛名，必定「化生」極樂淨土，獲得永恆的絕對幸福，若能根據因果的道裡，修習善行與善法（廢惡修善），則同時可以增進今生的幸福。

第七章　修習無上深妙禪

HAPPINESS A

何以念佛是無上深妙禪？

如何修習無上深妙禪？

猶如活在淨土的方法是什麼？

念佛可得哪些「現當二利」？

末法時期的人們，最適合修習哪一種法門？為什麼？

深妙禪與正念

　　什麼是正念（Mindfulness）？依據《阿差末菩薩經》云：「何謂正念？……謂心不邪是謂正念。」所以「正念」是指不起邪念。又《大方廣圓覺修多羅了義經略疏》言：「由離幻故正念，正念故離幻。」也就是說，由於離妄想而處於正念；保持正念因而離妄想。有關正念的原則，如《大念處經》所說：「彼於日常生活中，於身，時刻注意觀察，精進警覺，念念分明，可減淫慾、悲痛。於受，時刻注意觀察，精進警覺，念念分明，可減淫慾、悲痛。於心，時刻注意觀察，精進警覺，念念分明，可減淫慾、悲痛。於法，時刻注意觀察，精進警覺，念念分明，可減淫慾、悲痛。」正念就是保持覺知，了了分明地覺察當下的存在狀態（身、受、心、法），比如念佛時，念佛就是自己生命中最重要的事，覺知自己在念佛；吃飯時，吃飯就是自己生命中最重要的事，覺知自己在吃飯；走路時，走路就是自己生命中最重要的事，覺知自己在走路。換言之，正念是一種當我們將心帶回當下，專注身心內外正在發生的事情。因此，保持正念可以不起邪念、遠離妄想、消除悲傷與痛苦。正念對於人的身心健康是非常重要且有幫助的，因正念可以去除對身心有害的心智模式，正念在本質上所看重的是幫助人從痛苦中解脫，即使已經過了兩千多年，佛教心理學對現代人還是很有助益。臨床心理學則是運用正念覺知與接納的特質，來降低人心理層

面的痛苦，而一般人學習正念亦可以幫助逐漸走向身、心、靈處於幸福美滿的狀態。[125]學術界的研究亦證明了正念對人的身心健康，甚至工作方面，都有諸多好處。比如藉由正念可以達到正向的改變、苦惱的止息或心理彈性的增進，促進了心理的健康與福祉。[126]正念（含專注覺察、管理能量、正向信念、接納包容、靜坐放鬆）對員工創造力（含創造思考能力、創新行為、創新成果、整體創造傾向）有正向顯著影響，其中以管理能量對員工創造力影響性最大，其次依序為專注覺察、正向信念、靜坐放鬆、接納包容（高意識等級）。[127]

　　佛陀殷切的期盼我們精勤修習不忘失正念（不忘念），進而得以攝心得定，《佛遺教經》云：「求善知識，求善護助，無如不忘念。若有不忘念者，諸煩惱賊則不能入。是故汝等，常當攝念在心。若失念者，則失諸功德。若念力堅強，雖入五欲賊中，不為所害；譬如著鎧入陣，則無所畏。是名不忘念。」[128]又云：「若攝心者，心則在定。心在定故，能知世間生滅法相。是故汝等，常當精勤修習諸定。若得定者，心則不散，譬如惜水之家，善治隄塘；行

---

[125] 劉益宏（仁慈醫院副院長）撰，〈正念的緣起與臨床應用〉，《長庚醫訊》39卷1期。

[126] 竇金城撰，〈正念在促進心理健康上的運用與機制〉，《輔導季刊》52卷3期，2016年9月1日。

[127] 郭嘉珍，劉財龍撰，〈正念對員工創造力之影響〉，《大仁學報》53期，2019 年12月1日。

[128] 出自《佛遺教經》。

者亦爾，為智慧水故，善修禪定，令不漏失。是名為定。」[129]可以
說，不忘念就是連一個念頭都不會疏忽掉，念念繫於修習的方法和
方向（比如念佛），沒有任何雜念妄想來打斷或干擾，把心制於一
處，收攝自己的心念，不使它忘失或散亂，在日常生活中，就不會
受五欲的侵害，進而攝心入定以發慧。[130]如《佛遺教經》云：「制
心一處，無事不辦。」念佛就是正念，我們可以攝心念佛修習禪
定。當我們念頭才起，一句佛號取而代之，把妄念換成正念，因此
念佛是正念，正中之正。[131]比如我們口念一句「南無阿彌陀佛」，
一心緣著佛號，不忘失佛號，並清清楚楚地覺知自己在念的那個
心，此念佛的心就是淨念、正念。[132]我們容易胡思亂想，藉由念
佛，用正念對治妄念，把妄心息下來。我們不斷念，念到最後，會
把心念得明白，念得清淨。[133]每個人都有能力處於正念中。當念佛
時，若知道自己正在念佛這就是正念念佛，於淨念相繼時，則為攝
心念佛。修習無上深妙禪是用念佛的方法，以達成修定的效果，它
的方法就是稱念「南無阿彌陀佛」一句佛號，沒有其他複雜的方
法，而且能一門深入。[134]因此蕅益大師說：「念佛法門，別無奇

---

129 同前註。

130 聖嚴法師著，《佛遺教經講記》。

131 淨空老和尚講述，《淨土大經科註》553集。

132 聖嚴法師講述，〈禪七・開示精華錄—教念佛禪〉，《法鼓雜誌》。

133 星雲大師撰，〈念佛的利益〉，《人間福報》。

134 參考聖嚴法師著，《聖嚴法師教淨土法門》，法鼓文化，2010年2月。

特，只深信力行為要耳。佛云：若人但念彌陀佛，是名無上深妙禪。」[135]

我們在日常生活當中的每一刻可以實踐全然覺知地念佛，從而培養能量。正念的能量會帶來定。當我們保持攝心念佛，開始集中專注力，當正念和定力足夠強大時，就會恢復清淨心（高意識等級），自然擁有智慧（高意識等級）。智慧會幫助我們轉化痛苦、負面的情緒以及作明智的抉擇。念佛法門既省錢，又不費精神，很容易又方便，而且念佛會成佛。為什麼念佛會成佛呢？因為我們可以仰仗彌陀在無量劫以前所發的四十八大願。[136]因而善導大師在《觀經疏》中指出，淨土三經唯明專念彌陀名號得生極樂淨土成佛（詳見第八章）。

活在淨土

我們想求沒有病苦，應斷其根，而病苦的根源就是妄想、執著，《維摩詰經》上說，因執有才會生病。為了斷病本，妄想是病本，沒有妄想，身心得以康寧。攀緣是心有相。只要有妄想微動，叫做攀緣。意思是說有美醜愛憎的對立就是攀緣，攀緣的意思簡單

---

135 李圓淨居士編排，印光大師鑑定，〈念佛法門（蕅祖開示）〉，《蕅益大師選錄·淨土十要問答擷錄》。
136 宣化上人講述，《宣化上人開示錄》，法界佛教總會。

講就是著相。從有攀緣，則為病本，就是從著相而來。[137]《心經》云：「色即是空，空即是色。」色法與心法，本性無有自體可得，空幻不實，緣起性空，性空不礙緣起，如是中道實相[138]，心法與色法本來無二法，了知諸法因緣生因緣滅，自然心淨。

布袋和尚〈插秧偈〉云：「手執青秧插滿田，低頭便見水中天。六根清淨方成道（稻），後退原來是向前。」形容農夫插秧時，手把著青秧插滿田，低頭看到水面倒映的藍天，也看到了自己。使自己的六根，不被外面的六塵染汙，時時保持自性的清淨，那就是道。農夫插秧，一面插青秧，一面往後步步退，當他返回到田邊，一畦田的秧苗也插好了；看似退步，實際上是前進。[139]插秧當下，道就在手上。坐臥是道，插秧也是道。低頭是迴光返照，水清見天，心清見性天。六根和六塵打交道，便不清淨，就沒有道了。若能迴光返照見此性天，則六根清淨，處處是道。要令六根清淨；必須退步。[140]因人常習於六根隨著六塵轉，應該反過來，都攝六根，才能向前恢復清淨心（高意識等級）。如《楞嚴經》云：「如是清淨持禁戒人，心無貪淫，於外六塵，不多流逸，因不流

---

137 原經文：「但除其病，而不除法，為斷病本，而教導之。何謂病本？謂有攀緣，從有攀緣，則為病。」出自〈文殊師利問疾品〉，《維摩詰所說經》。參閱慧律法師講述，《維摩詰所說經要解》。

138 諸法非空非有，亦空亦有，不落二邊，圓融無礙，謂之中道實相。

139 星雲大師撰，〈星雲說偈 退步是向前〉，《人間福報》，2012年4月27日。

140 虛雲老和尚講述，〈雲居山方便開示〉。

逸,旋元自歸。塵既不緣,根無所偶,反流全一,六用不行,十方
國土,皎然清淨。」由於清淨持禁戒之人,他心不貪淫,貪圖淫欲
這種虛妄之樂。他既不貪了,所以心清淨了,不跟著六塵的境界
轉,不奔逸在六塵的境界了,就能迴光返照,向內省回來。因為他
不流逸,不隨著六塵轉,他就能返本還原了。六塵既然斷了,收攝
六根回來了,因此六根和六塵就不會相對著,而能向內裡回來。把
六根六塵這種的性都歸到一起,六根也不去追隨六塵的境界了。在
此時刻,十方的國土都是很皎潔,很清淨的。[141]所以「退步原來是
向前」。又如《維摩詰經》云:「若菩薩欲得淨土,當淨其心;隨
其心淨,則佛土淨。」[142]若想使國土成為淨土,則應當先淨人的
心,只要內心清淨了,國土自然清淨。所以所居住的國土是淨土還
是穢土,是大家的心決定的。因此,我們願修習無上深妙禪(念
佛),不但自己可消業、增福慧,而且能由於恢復清淨心而提高心
靈能量(意識等級)以抵銷負能量,使地球充滿積極正面的能量,
令人人清淨自在,猶如活在淨土。

---

[141] 宣化上人講述,《大佛頂首楞嚴經淺釋》,法界佛教總會出版,2009
年4月。
[142] 出自〈佛國品〉,《維摩詰所說經》。

念佛殊勝

　　《觀無量壽經》裡面，佛陀就以最高的讚歎來稱讚念佛人，經云：「若念佛者，當知此人，則是人中，芬陀利華。觀世音菩薩、大勢至菩薩，為其勝友；當坐道場，生諸佛家。」如果能夠決定深信彌陀大願力，一向專念彌陀佛名，不論是誰，此人已是人間的芬陀利華（大白蓮花）。芬陀利華是花中之王，只有佛才堪稱為芬陀利華，因唯有佛是最清淨的，不會受煩惱業障汙染的。換言之，佛陀以芬陀利華讚歎念佛人，這是對念佛人最崇高的讚譽，更是對念佛人成佛的授記。善導大師解釋說：「若念佛者，即是人中好人、人中妙好人、人中上上人、人中希有人、人中最勝人也。」[143]如此讚譽，也是世上最尊貴的讚譽。觀音、勢至是念佛往生極樂的，我等亦同，雖有先後之別，但師友同、心願同。

　　《阿彌陀經》云：「不可以少善根福德因緣得生彼國。」意思就是說要多善根、多福德才能得生彼國。接著說：「若有善男子、善女人，聞說阿彌陀佛，執持名號。」佛陀是說，若有人執持這句彌陀的名號，只要如此就是多善根、多福德。又云：「其人臨命終時，阿彌陀佛，與諸聖眾，現在其前。是人終時，心不顛倒，即得往生，阿彌陀佛，極樂國土。」此人臨終時，佛聖現前迎接；命終

---

[143] 善導大師著，《觀經四帖疏》。

當下，就往生極樂淨土。

念佛不但可以獲得絕對幸福，臨終往生極樂淨土，而且對今生幸福有益。如善導大師言：「又如十往生經說，佛告山海慧菩薩以及阿難：若有人專念西方阿彌陀佛，願往生者，我從今以去，常使二十五菩薩影護行者，不令惡鬼、惡神惱亂行者，日夜常得安穩。」[144]接著說：「又如《彌陀經》說：若有男子女人，七日七夜及盡一生，一心專念阿彌陀佛，願往生者，此人常得六方恆河沙等佛共來護念，故名《護念經》。《護念經》意者，亦不令諸惡鬼神得便，亦無橫病、橫死、橫有厄難，一切災障自然消散；除不至心。」[145]

依經論歸納起來，念佛人所受之現生與來生的利益（現當二益）包括：第一、以彌陀為增上緣，消除一切之業障。第二、受彌陀、觀世音勢至菩薩及一切大菩薩，隨護保祐。又晝夜常得一切諸天大力神將，隱形守護。第三、常為諸佛晝夜護念，彌陀放光攝受。第四、一切惡鬼皆不能害，毒蛇毒藥，悉不能中。第五、水火怨賊，刀兵槍炮，牢獄橫死，皆悉不受。第六、先作罪業，悉皆消滅。所殺冤命，皆蒙解脫。第七、夜夢吉祥，或復夢見彌陀，勝妙金身。第八、心常歡喜，顏色光澤，氣力充盛，所作吉利。第九、常為一切世間人民，恭敬禮拜，猶如敬佛。第十、若能決定深信佛

---

[144] 善導大師著，《觀念法門》。
[145] 同前註。

力,一向專念名號,平生就能獲得絕對幸福,又因彌陀願力之加被,而得以見佛。第十一、乘彌陀願力,念佛人於臨命終時,身無病苦,心無怖畏,能夠見到彌陀以及諸菩薩聖眾,手拿金台,慈悲加持,令正念現前,接引往生極樂淨土成佛,廣度十方眾生。

　　總之,由於念佛人蒙彌陀光明攝護,如同朝著光明前進,影子(幸福)跟隨而來。

念佛方法

　　關於念佛方法,經典、歷代祖師和高僧大德提供了諸多繁簡淺深的行持方法。現代人可考量自己的工作、生活狀況,選擇適合自己的方法修持即可。本書就舉三位高僧的開示,作為我們行持之參考。

△蕅益大師

則一:

　　此間現見多是稱佛名號為上。稱佛之法,必須制心不令散亂。念念相續,繫緣佛號。口中聲聲喚阿彌陀佛,以心緣歷,字字分明。稱佛名時,無管多少,並須一心一意,心心相續。如此,方得一念滅八十億劫生死之罪。若不然者,滅罪良難。十念者,每日清晨,面西,正立合掌。連聲稱阿彌陀佛。盡一氣為一念。如是十

氣，名為十念。但隨氣長短，不限佛數多少，唯長唯久，氣極為度。其佛聲不高不低，不緩不急，調停得中。如是十氣，連屬不斷，意在令心不散，專精為功故。名此為十念者，顯是藉氣束心也。[146]

△印光大師

則二：

無論出聲默念，皆須念從心起，聲從口出，音從耳入。（默念雖不動口、然意地之中、亦仍有口念之相。）心口念得清清楚楚，耳根聽得清清楚楚，如是攝心，妄念自息矣。……行住坐臥皆無不宜。臥時只宜默念，不可出聲。若出聲，一則不恭，二則傷氣，切記切記。[147]

則三：

念佛時，心中（意根）要念得清清楚楚，口中（舌根）要念得清清楚楚，耳中（耳根）要聽得清清楚楚。意、舌、耳三根，一一攝於佛號，則眼也不會東張西望，鼻也不會齅別種氣味，身也不會懶惰懈怠，名為都攝六根。都攝六根而念，雖不能全無妄念，校彼不攝者，則心中清淨多矣，故名淨念。淨念若能常常相繼，無有閒

---

[146] 李圓淨居士編排，印光大師鑑定，《蕅益大師選錄・淨土十要問答擷錄》。
[147] 印光大師撰，〈復高邵麟居士書四〉，《印光法師文鈔》。

斷，自可心歸一處。淺之則得一心，深之則得三昧。[148]

則四：

念佛必須攝心，使雜念無由而起。若欲攝心，則當諦聽。若能字字句句聽得清楚，自然心不至於大散。雖不作觀，亦同作觀。若心不能攝，觀境不清，理性不明。[149]

則五：

念佛之要，在於都攝六根，淨念相繼。欲都攝六根，淨念相繼，無論行住坐臥，常念佛號，或聲或默，皆須聽己念佛之聲。儻能如是，則業消智朗，障盡福崇，凡所作為，皆悉順遂。[150]

則六：

念佛之法，各隨機宜，不可執定。然於一切法中，擇其最要者，莫過於攝耳諦聽。念從心起，聲從口出，音從耳入。行住坐臥，均如是念，如是聽。大聲，小聲，心中默念，均如是聽。默念時，心中猶有聲相，非無聲也。[151]

△廣欽老和尚

則七：

---

[148] 印光大師撰，〈復楊煒章居士書〉，《印光法師文鈔》。

[149] 印光大師撰，〈復李吉人居士書〉，《印光法師文鈔》。

[150] 印光大師撰，〈皋寧合興鎮淨念蓮社緣起序〉，《印光法師文鈔》。

[151] 印光大師撰，〈復徐志一居士書〉，《印光法師文鈔》。

念佛才有寄託，念佛即心心不離佛，念得清清楚楚，聽得明明白白，要字字清楚，用心想，用耳聽，用口念，要攝心專注佛號，萬緣放下，要依此音聲，才能一心，沒有能念所念，你在念或我在念，大家都依此佛號才能一心。

則八：

念佛，最重要是聽得清楚（此方真教體，清淨在音聞）。

則九：

問：怎樣念佛才專？答：這也是執著，妄想來時不要理它，叫它不要打妄想，它還是要想，所以理了它就多了一個念頭，且愈想愈多。」……妄想來時不要怕，不理睬它就是，它是它，我還是阿彌陀佛一直念下去，妄想無自體，以後自然就少了。[152]

總之，念佛方法的要點是：念佛時，無論出聲或默念（默念時心中猶有聲相），皆須用心想，口出聲，耳聞音。心口念得清清楚楚，耳根聽得清清楚楚，如是一心一意，了了分明，淨念相續以攝心，無論行住坐臥，常念佛號，最重要的是聽得清清楚楚。

專心念佛時，不論環境淨穢或工作休閒，在切菜、烹飪、打掃、走路、休息時乃至上洗手間時，都可以念佛。惟須作思考、分析、判斷或聽講時，只要保持正念專注即可。

---

[152] 承天禪寺編著，〈廣欽老和尚開示錄〉，《廣公上人初編續編合刊》。

真實大利
我們可以一直擁有幸福

念佛練習

　　以目前來說，念佛的人最多，實際上的的確確適應目前的時機。在末法的時期，我們要想解脫苦惱的最善巧法門莫過於念佛，這是千真萬確的。[153]念佛不僅是老公公、老婆婆的專利品，在重視物質、生活忙碌的今日社會裡，人人都應該修持念佛法門，讓心靈擁有一片安祥的園地。念佛法門，不會妨礙工作，不受時空的限制，任何時刻，任何地點，都能修持，是各種修行法門之中，最方便的一個法門。[154]就一般人而言，除非已退休，否則都各自有家庭、事業、工作等，在這當中，如果工作性質是可以不動腦的就在工作中散心念。休息時間或下班，空檔的時間就可以攝心念佛。口稱念佛有四種方法：大聲念、小聲念、金剛念與默念。所謂金剛念，就是嘴巴動，自己聽得到聲音，他人聽不到；若採取小聲念，旁邊的人還是可以聽到；大聲念，則容易累無法持久；默念，往往較會忘記。能夠持續長久，又不傷氣的就是金剛念。這裡有些念佛的練習方法，可依不同的情況、個人喜好和適合自己以選擇運用。

---

[153] 日常老和尚講述，《菩提道次第廣論舊版手抄稿》第1冊。
[154] 星雲大師撰，〈淨土宗的修持方法〉，《人間福報》，2006年7月8日。

練習一：簡易十念法

每日清晨梳洗穿戴整齊後，以簡易十念法念佛，此法指的是念十口氣。先吸一口氣，於呼氣時念"南無阿彌陀佛、南無阿彌陀佛、南無阿彌陀佛……"，盡一口氣叫一念，這一口氣不拘多少句佛號，只須隨氣長短，不可勉強多念，否則傷氣，只可十念。有時間的話，可增加中午或晚上。[155]

練習二：十念記數法

在念佛時，從一句至十句，須念得分明，仍須記得分明。至十句已，又須從一句至十句念，不可二十三十。隨念隨記，不可掐珠，唯憑心記。若十句直記為難，或分為兩氣，則從一至五，從六至十。若又費力，當從一至三，從四至六，從七至十，作三氣念。念得清楚，記得清楚，聽得清楚。如此讓意根多做一件記數的事，使不易起妄念。[156]

---

[155] 簡易十念法是慈雲懺主遵式大師依據阿彌陀佛第十八願的意趣，為工作忙碌者所設立。在他所著的《往生淨土決疑行願二門》裡，提出「十念」法門，主張每日清晨梳洗穿戴整齊後，面向西方端正站立，合掌連聲稱阿彌陀佛，盡一口氣為一念，如是十口氣名為十念，其主要目的在令心不散亂，專心精進藉著這每一口氣收攝心念。沙彌尼近蘊講述，〈慈雲懺主遵式大師簡介〉，《法語繽紛》，2016年6月3日。

[156] 原文詳見附錄印光大師法語集要第一則。

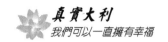
練習三：早上起床前及晚上睡前

　　早上起床前，面帶微笑、懷著歡喜心專一默念佛號十聲。亦可再增加晚上睡前念佛十聲。

練習四：空閒時

　　空閒時，如坐著或站立，面帶微笑、懷著歡喜心攝心念佛。另外，因極樂淨土所有的聲音都是在念佛、念法、念僧，所以我們平時也可以練習，不論是鳥鳴、風吹、雨滴的聲音，或者是任何人、機械、器物的聲音，都把它觀想成念佛的聲音。任何聲音都與佛號相應。當然仔細地聽可能不像，但要認為那是念佛的聲音，若能如此我們的心心念念，每一剎那都與佛號在一起。[157]

練習五：平躺時

　　身體平躺，雙臂放鬆，平放在身體兩旁，雙腳向外伸展微微張開，面帶微笑，懷著歡喜心默念佛號。

練習六：靜坐或打坐時

　　當靜坐或打坐時，身體放鬆，微笑，專注念佛。

---

[157] 聖嚴法師著，《聖嚴法師教淨土法門》，法鼓文化，2010年2月。廣欽老和尚的弟子傳暢法師也是如此教導。

練習七：練功或運動時

例如，練平甩功時，懷著歡喜心，全身放鬆，面帶微笑，雙腳平行與肩同寬，眼睛微閉。雙手平舉與肩同寬、同高，掌心朝下，手肘伸直。雙手往下甩至後方，如同鐘擺，自然放鬆，再回到與肩同高的位置，這樣算一下，不要越甩越高，也不忽快忽慢。開始練功念佛時，甩第一下默念「南」一字，甩第二下默念「無」一字，甩第三下默念「阿」一字，甩第四下默念「彌」一字，甩到第五下時，雙腳屈膝微微蹲彈2下，同時默念「陀佛」二字。如此反復循環。收功時，放鬆平緩，把眼睛閉一會兒，呼吸調勻，然後喝溫開水。同理，其他有節奏的運動或功法也可以念佛。

練習八：行走時

在無車輛行駛的地方（如公園或操場）行走時，面帶微笑，懷著歡喜心，輕鬆地以一步念一字的方式行走。譬如先右腳走出去，默念「南」，接著，第二步左腳走出去，默念「無」，第三步默念「阿」，第四步默念「彌」，第五步默念「陀」，第六步默念「佛」。如此反復循環。

練習九：深呼吸時

做深呼吸放鬆身心，面帶微笑，懷著歡喜心，平和地進行。先吸一口氣至腹部鼓起，再念佛慢慢呼氣（呼吸時不要刻意控制呼吸

怎麼進出,讓氣呼出的時間比吸入略長一些,吸呼間停留1至2秒),隨氣長短,不可勉強多念,否則傷氣。如此反復循環,以10次內為原則。

練習十:當有負面情緒時

負面情緒如憤怒、緊張、恐懼、擔憂、不安、嫉妒、憎惡、怨恨、沮喪、消極、懊悔、愧疚、煩躁、輕蔑、猜疑、灰心等,只要會讓身心感覺不適,都是負面情緒。當有負面情緒時,此時可以行走念佛或深呼吸念佛,使身心恢復平靜。

練習十一:吃飯時

飯前先了了分明地默念佛號十聲。於吃飯時,保持正念、懷著感恩心,細嚼慢嚥,使食物容易消化吸收。

練習十二:從事單純的工作或活動時

比如當切菜時,懷著歡喜心,每一次切下去時,默念六字名號一個字,念完一句,再反復循環。切菜開始時,第一次切下去時,念「南」,第二次切下去時,念「無」,接著念「阿」,再來念「彌」,接著念「陀」,切第六下時念「佛」……。如此反復循環。至於其他單純的工作或活動,可以類推運用。

佛陀常常反覆提起的教導是幸福快樂地活在當下。祂的教導非

常地美妙，能夠在我們開始修習的那一刻就帶來安樂。當我們開始靜坐念佛、步行念佛、站著念佛和深呼吸念佛等，或者全然覺知於現在所做的事或活動，這個時候，就可以感到安樂。因此在任何時刻，我們都能令心蓮盛開。

大安心

《大阿彌陀經》云：「諸佛中之王也，光明中之極尊也。」佛陀以最恭敬、最崇高的用語來讚歎彌陀的光明。《楞伽經》言：「十方諸剎土，眾生菩薩中，所有法報佛，化身及變化，皆從無量壽，極樂界中出。」顯明諸佛皆出於極樂淨土。又《月燈三昧經》說：「十方三世佛，現在過未來，皆以念佛因，得成無上覺。」指出十方三世諸佛都以念佛而得到真實大利，即成佛，因而《無量壽經》云：「如來以無盡大悲，矜哀三界，所以出興於世，光闡道教，欲拯濟群萌，惠以真實之利。」[158]這段經文出現在《無量壽經》的最前面。《無量壽經》主要在說彌陀的四十八大願，意在尚未宣說之前，先顯明這部經所要講的四十八大願是佛陀出現在人間的目的。諸佛是以無盡的大悲心，憐愍三界的一切眾生，而在人間出現，佛現人間，就是為了光大開演所證的真實法。彌陀為了救度

---

158 曹魏，天竺三藏康僧鎧譯，《佛說無量壽經》。

這一切眾生，賜給名號的大利，而大利的徹底圓滿，就是無上的涅槃妙果（成佛）。當有眾生聽聞彌陀名號有不可思議功德利益，對於能夠獲得絕對幸福深信不疑，於是心中自然就歡喜踴躍了，原來認為要得到絕對幸福須達到什麼程度的功夫，現在聽聞名號功德後，已大安心了。如經云：「其有得聞，彼佛名號，歡喜踴躍，乃至一念，當知此人，為得大利，則是具足，無上功德。」[159]因此，眾生能夠得到絕對幸福、決定成佛的利益，即是「真實大利」。

龍樹菩薩在所著《十住毘婆沙論》・〈易行品〉中將佛法的修行之道，分為難、易兩種。難行道須勤行精進，猶如以步行走陸路，比較辛苦艱難；易行道則以信心為方便而致不退轉位，如同搭船行水路，省時省力，容易。[160]道綽大師繼承龍樹菩薩的難易二道判與曇鸞大師的自他二力判，加以進一步的詮釋，提出聖道法門與淨土法門的判分。[161]何謂聖道法門？今生於世間憑自力精進修行以斷惑證真，入聖得果之法門，稱為聖道法門。何為淨土法門？稱念彌陀名號，乘佛本願力，往生極樂淨土，得無上涅槃極果的教門，名為淨土法門。印光大師則在《文鈔》中將修行法門歸類為通途法門與特別法門兩種。印光大師說：「修持法門有二種不同：若仗自

---

159 同前註。

160 原文詳見附錄龍樹菩薩《十住毘婆沙論》・〈易行品〉集要第一則。

161 原文詳見附錄道綽大師《安樂集》集要。自力和他力二力是曇鸞大師的思想，此思想則根源於龍樹菩薩的難行道與易行道的思想而加以演譯的。

力，修戒定慧，以迄斷惑證真、了生脫死者，名為通途法門。若具真信切願，持佛名號，以期仗佛慈力，往生西方者，名為特別法門。」[162]若將以上龍樹菩薩及三位大師的分類予以相互對照，我們可以發現通途法門就是聖道門、難行道、自力法門；特別法門就是淨土門、易行道、他力（佛力）法門。

歷代許多高僧諸如道綽禪師、法然上人和蕅益大師等，自己都體悟到生在末法時，單靠自力修行，難以開悟證果，為了力勸末法眾生修持淨土法門，而引經典為證，如道綽禪師著的《安樂集》說：「依大乘聖教，良由不得二種勝法，以排生死，是以不出火宅。何者為二？一謂聖道，二謂往生淨土。其聖道一種，今時難證，一由去大聖遙遠，二由理深解微。是故《大集月藏經》云：『我末法時中，億億眾生，起行修道，未有一人得者。』當今末法，現是五濁惡世，唯有淨土一門，可通入路。是故《大經》云：『若有眾生，縱令一生造惡，臨命終時，十念相續，稱我名字，若不生者，不取正覺。』」法然上人在《選擇本願念佛集》開頭就加以引用。蕅益大師則在所著《阿彌陀經要解》跋語的開頭說：「經云：末法之中億億人修行，罕有一得道者。惟依念佛得度。」印光大師深感末法時期，眾生唯有念佛得度，因而特別指出：「即今之世，若捨淨土，則果證全無，良以去聖時遙，人根陋劣。匪仗佛

---

162 印光大師撰，〈近代往生傳序〉，《印光法師文鈔》。

力，決難解脫。」[163]並在〈淨土指要〉一文中強調：「淨土法門乃如來一代時教中之特別法門，三根普被，利鈍全收：等覺菩薩不能超出其外，逆惡罪人亦可預入其中。不斷惑業，得出輪迴；即此一生，定登佛國。末世眾生，根機陋劣，捨此法門，其何能淑！」[164]

聖道行者雖可以自力修行對今生的相對幸福有所助益，但卻難以得到絕對幸福，可能在尚未修成之前，無常到來，到那時只有懊悔入寶山空手而回。又鑑於許多菩薩，選擇了願往生極樂國（又稱安樂剎、安樂國），我們不再猶豫，唯依淨土法門。比如《觀佛三昧經》〈文殊菩薩偈〉云：「願我命終時，滅除諸障礙，面見彌陀佛，往生安樂剎。」於《華嚴經》〈普賢菩薩偈〉云：「願我臨欲命終時，盡除一切諸障礙，面見彼佛阿彌陀，即得往生安樂剎。」又如《楞伽經》云：「於南天國中，有大德比丘，名龍樹菩薩，能破有無見，為人說我乘，大乘無上法，證得歡喜地，往生安樂國。」這段法語是佛陀預先為龍樹菩薩授記，授記其在世時在人間證得歡喜地（初地），果報一盡，就化生極樂故鄉。

在正法或像法時期的諸多菩薩，都願生極樂淨土，何況今處末法時期，因此唯有仰仗彌陀大願力才穩當。如果我們能夠全仗佛力，修習無上深妙禪（一向專稱彌陀佛名），現生即可獲得絕對幸

---

163 印光大師撰，〈與大興善寺體安和尚書〉，《印光法師文鈔》。
164 印光大師撰，〈淨土指要〉，收錄在《印光法師文鈔續編·卷下》。

福，成就往生極樂淨土成佛之業事（真實大利），而得以大安心、大滿足。

第八章　回幸福故鄉

HAPPINESS A

如何於平生獲得絕對幸福？

如何得到聞法的益處？

窮子流浪喻旨在比喻什麼？

為什麼極樂故鄉真實存在？

回極樂故鄉之正因是「稱名」還是「信心」？

回幸福故鄉的方法有哪幾種？我們應選擇哪一種？為什麼？

故鄉風月

　　我們的故鄉在極樂，曠劫以來常沒常流轉，客居三界六道，今生不可錯失此百千萬劫難遭遇的良機，必定要回永恆幸福的故鄉。印光大師為了普勸法界眾，發願回極樂故鄉，作了一首詩句云：「應當發願願往生，客路溪山任彼戀；自是不歸歸便得，故鄉風月有誰爭（如圖3）。」[165]佛陀在《阿彌陀經》一而再、再而三地殷勤勸導我們說：「眾生聞者，應當發願，願生彼國。」「聞是說者，應當發願，生彼國土。」「若有信者，應當發願，生彼國土。」可見，佛陀所期盼我們的，都是要我們願回極樂故鄉，所以大師說：「應當發願願往生。」六道輪迴是旅途、暫住的屋舍，不是我們的故鄉，如果是故鄉的話，回鄉安居，多麼自在幸福！但旅途總是有欠缺不便、有不如意的地方，尤其在這個旅途是三界火宅。大師只好無奈地說：「客路溪山任彼戀。」家是自己的，只要想回家，彌陀慈父永遠張開雙臂迎接我們，所以說：「自是不歸歸便得，故鄉風月有誰爭。」

　　依據《無量壽經》，我們回鄉的方法有三種，有依靠彌陀本願力回鄉、自力修諸功德迴向回鄉與自力念佛回鄉。若選擇本願力回鄉，則可依第十八願願文及成就文，信受彌陀救度，一向專念名號

---

[165] 印光大師撰，〈思歸集發刊序〉，《印光大師全集》。

以回鄉，而且可於平生「信心決定」[166]，不但保證回鄉，並可在平生獲得絕對幸福；如果選擇以自力「修諸功德」[167]迴向，則可依第十九願回鄉；若以「植諸德本」[168]（自力念佛），則將從第二十願回鄉。

166 信心決定者，蒙彌陀光明攝取、入正定聚、必定往生，而速獲成就。信心決定，即得四種決定：1. 解脫2. 往生3.成佛 4.度生。參考慧淨法師編述，《淨宗要義》，本願山彌陀淨舍，1998年2月。
167 指修戒定慧三學以及六度萬行等種種善根。柏原祐義著，慧淨法師校訂，《淨土三部經講話》，本願山彌陀淨舍，1998年7月。
168 德本是指彌陀之名號。柏原祐義著，慧淨法師校訂，《淨土三部經講話》。植諸德本即「稱名義」也。第二十願願文中既言「聞我名號」而次言「植諸德本」是乃現文說稱名念佛之證也。道隱法師著，《佛說無量壽經甄解》，三重本願念佛會，2006年4月。

應當發願願往生　客路溪山任彼戀

自是不歸歸便得　故鄉風月有誰爭

圖3・印光大師墨寶：靈巖山寺客堂聯語[169]

---

[169] 〈靈巖山寺客堂聯語〉，《淨土藝術・印光大師遺墨》，中華淨土宗協會、淨土宗文教基金會。

156

本願力回鄉

　　選擇依靠彌陀本願力回鄉者，可依第十八願願文，一向專稱名號（行之一面）而回鄉，同時可依第十八願成就文（信之一面），以獲得信心決定，即平生業成。[170]

　　關於透過彌陀本願力以回鄉業成之道理為何？可以用「碳素因緣」與「乘大輪船」的譬喻來瞭解。炭是因，若接受的緣是一般的溫度、一般的壓力，它還是一般的黑「炭」；如果接受二千度的溫度、五萬五千氣壓的話，就會變成為閃亮的「鑽石」。又如，雖然是一般凡夫，若能依彌陀大願力的強緣的話，就能回極樂故鄉快速成佛。印光大師則以石頭乘船運往目的地作比喻，大師說：「譬如一粒沙子，掉進水裡就沉，而千萬斤石頭裝進一艘大船，石頭不但不沉沒還能運往別處。石塊比喻眾生的業力深重，大輪船比喻阿彌陀佛慈悲願力廣大。倘若不念佛，靠自己修持的功夫想了生死，必須到業盡情空才行。否則就算煩惱惑業斷得只剩一絲一毫，仍然不能了脫生死。」[171]眾生都有煩惱、罪業，這些煩惱、罪業雖各有輕重，好像石頭有大有小，但只要有業，就必定要墮落。如果上了彌陀的大悲願船（弘誓強緣）的話，不管重的業、輕的業，都能夠解脫，快速成佛。

---

170 平生業成是指完成人生大事業（達成人生的目的），獲得絕對幸福。
171 印光大師撰，〈復裘佩卿居士書二〉，《印光法師文鈔》。

　　由於緣不同，果就不同，而且天差地別，無法相比。我們是生死流轉之凡夫，若依照各自所接觸的雜緣去修行的話，還是很難脫離六道輪迴；如果能夠依本願力（佛力）的強緣，我們就能夠快速成佛。所以，眾生一向專念名號是因，彌陀大願力是強緣，成佛是果。

△行之一面

　　如果依據第十八願願文，仰仗佛力回鄉，係就行的一面而言，《無量壽經》云：「設我得佛，十方眾生，至心信樂，欲生我國，乃至十念，若不生者，不取正覺；唯除五逆，誹謗正法。」意思是：「我將來成佛時，十方世界眾生，只要能至誠心信受、歡喜我的救度，願生我的國土，而多則一生，少則十聲一聲（臨終聞法）稱念我的名號，我必使其往生，若不得往生，我誓不成佛；但造五逆罪及謗法罪者除外。」[172]「十方眾生」是指上至菩薩，下至地獄之眾生。所以，可以說上至等覺菩薩，下至阿鼻罪人，都是彌陀所要攝受的對象。第十八願所講的「十方眾生」，主要是針對著哪一種眾生呢？以《觀無量壽經》下品下生來解釋是最明顯的。下品下生文說：「或有眾生，作不善業，五逆十惡，具諸不善。」表示「十方眾生」之中是包含五逆十惡的眾生。「十方眾生」不只包括

---

[172] 淨土宗編輯部著，《無量壽經》譯註，淨土宗出版社，2020年2月。

五逆十惡的眾生，連謗法者也在內，如善導大師在《觀經疏・散善義》中言：「如四十八願中，除謗法、五逆者，然此之二業，其障極重，眾生若造，直入阿鼻，歷劫周慞，無由可出。但如來恐其造斯二過，方便止言：『不得往生』，亦不是不攝也。又下品下生中，取五逆、除謗法者，其五逆已作，不可捨令流轉，還發大悲，攝取往生。然謗法之罪未為，又止言：『若起謗法，即不得生』，此就未造業而解也；若造，還攝得生。雖得生彼，華合逕於多劫。此等罪人，在華內時，有三種障：一者不得見佛及諸聖眾。二者不得聽聞正法。三者不得歷事供養。除此以外，更無諸苦。」因為五逆、謗法這兩種行為是違反人倫、大逆不道、違反恩義的，果報很重，會直接墮落阿鼻地獄，而且難以得出。彌陀大慈大悲，為免眾生依靠「只要念佛就能化生極樂」，然後就胡作非為而造業，因此就預先嚇阻而說，如果造了這兩種罪的話就不能回鄉。善導大師說這是權宜方便而講，「唯除五逆，誹謗正法」是因為這兩種罪很重的關係，其目的在抑止眾生去造作，並不是不救度這兩種眾生。眾生三業行為，都是惡而非善，我們是怎樣的一個人？必須以法鏡照看看，就能看清自己真實的樣貌，《無量壽經》云：「心常念惡，口常言惡，身常行惡，曾無一善。」《地藏經》的名句也講：「南閻浮提眾生，舉止動念，無不是業，無不是罪。」所以我們只有依靠第十八願的「至心信樂，欲生我國，乃至十念」方能得到救度。「至心信樂」就是「信」；「欲生我國」就是「願」；「乃至十

念」就是「行」，指稱名。「至心信樂」是以至誠之心信受彌陀本願力，知道彌陀必能令自己回故鄉，而有大歡喜之心。

善導大師在《觀經疏》中曾對六字名號「南無阿彌陀佛」進一步解釋，「南無」本身，就是歸命的意思，也就是「信」；「亦是發願迴向之義」，就是「願」；「言阿彌陀佛者，即是其行」，就是「行」。可說這六字名號裡面，「信、願、行」之無上功德通通具足，由於這個緣故，只要信受彌陀救度永不改變，願生彌陀淨土也永不改變。而一向專稱「南無阿彌陀佛」，就必定能回鄉。[173]就眾生來說，「欲生我國」是真正願回極樂故鄉；就佛方來講，「欲生我國」是彌陀的真實呼喚。彌陀要我們回鄉，是主動積極而來。有了這個信樂之心，自自然然地「乃至十念」。此後，就會從我們內心發出「南無阿彌陀佛、南無阿彌陀佛……」的持續念佛。既然是「乃至十念」，就不僅是念十聲而已，因為是「乃至」。「乃至」與《阿彌陀經》「若一日……若七日」的「若」是一樣的。也就是說，盡我們的生命，一向專稱名號。同時，合乎每個人的情況，能念多少聲，就念多少聲；乃至《觀無量壽經》下品下生的眾生臨終聞法，十聲、一聲亦可回鄉，所以說是「乃至」。若從善導大師的本願取意文來看，就可以了解本願中之「乃至十念」是指對稱念名號而言。

---

173 詳見附錄善導大師法語集要第二則。

大師的三段本願取意文說：「若我成佛，十方眾生，願生我國，稱我名字，下至十聲，乘我願力；若不生者，不取正覺。」[174]「若我得佛，十方眾生，稱我名號，願生我國，下至十念；若不生者，不取正覺。」[175]「若我成佛，十方眾生，稱我名號，下至十聲，若不生者，不取正覺；彼佛今現，在世成佛，當知本誓，重願不虛，眾生稱念，必得往生。」[176]此三段文對「至心信樂」四個字都沒有解釋，省略掉「至心信樂」，其原因是為了彰顯「一向專稱名號必得回鄉」（呈現行之一面）的道理。善導大師的解釋簡單明了，契理契機，易知易行，真正合乎易行道。願文中「乃至十念」，大師釋為「稱我名號，下至十聲」，顯明所稱念唯是彌陀的名號。善導大師在《觀經疏》言：「自餘眾行，雖名是善；若比念佛者，全非比較也。是故諸經中，處處廣讚念佛功能。如《無量壽經》四十八願中，唯明專念彌陀名號得生。又如《彌陀經》中，一日七日專念彌陀名號得生。又十方恒沙諸佛證誠不虛也。又此《經》（指《觀無量壽經》）定散文中，唯標專念名號得生。」因此，眾生只要一向專念彌陀名號就得以化生極樂故鄉。這也並非大師個人獨創，而是有經典的根據，同時也有祖師的傳承。

　　經典的依據，如經典中最明顯的就是根據《觀無量壽經》下品

174　善導大師著，《觀念法門》。
175　善導大師著，《觀經四帖疏》。
176　善導大師著，《往生禮讚》。

下生，經云：「如是至心，令聲不絕，具足十念，稱南無阿彌陀佛。稱佛名故，於念念中，除八十億劫生死之罪。」來解釋「乃至十念」，即是指稱名。最後於流通文說：「佛告阿難：汝好持是語，持是語者，即是持無量壽佛名。」善導大師明瞭彌陀第十八願本意，將「持無量壽佛名」闡明為：「上來雖說，定散兩門之益；望佛本願，意在眾生，一向專稱，彌陀佛名。」[177]彰顯彌陀本願是「一向專稱彌陀佛名」。所以佛陀的付囑是「持佛名」，而不是十三觀的觀，也不是修三福九品。《阿彌陀經》之「聞說阿彌陀佛，執持名號」，「執持名號」跟「持無量壽佛名」意思也相同，都是一向專稱彌陀名號。天親菩薩在《往生論》中亦曾對第十八願的解釋說：「稱彼如來名，如彼如來光明智相，如彼名義，欲如實修行相應故。」「稱彼如來名」，即口稱佛名，唯有稱名才可以稱為如實的修行。道綽大師《安樂集》的「本願取意文」言：「若有眾生，縱令一生造惡，臨命終時，十念相續，稱我名字，若不生者，不取正覺。」「乃至十念」的十念，道綽大師解釋為「十念相續，稱我名字」，以「稱」釋「念」。所以，其核心、根本都是一向專稱彌陀佛名。彰顯彌陀之本意，顯露易行之至極。

　　淨土法門，不涉作為，不用苦修。信則能入，願行即生。而信入的原因，因人而異，或因種種瑞相、感應等事，或聞名號之德，

177　出自善導大師著，《觀經四帖疏》。

或知「乘佛本願力」而生信者等。然而彌陀智慧海，深廣無涯底，唯有大智慧，方能深信不疑。無智凡夫，因無慧見，難免心多疑慮。但因稱念不絕，臨命終時，亦蒙佛接引，回極樂故鄉。因攝信願於稱名之行中，但能相續稱名，終生不變，便決定回鄉。信願係彰顯回鄉靠佛力之義，而稱名即是仗佛力之行。所以信願與稱名，實為一體。信者，信「阿彌陀佛本願如是：若人念我，稱名自歸；即入必定，得阿耨多羅三藐三菩提。」[178]然凡夫往往以凡情妄測，疑惑聖言，唯信己意。因而使易行之道，反成難信之法，以致抱疑自惑。雖然疑情難消，信之或難，但行之卻易。若能一向專稱名號，信心自攝於其中。信心雖難以發起，也不須懼怕，只要一向專稱名號，即得回鄉。如《大乘起信論》云：「眾生初學是法，欲求正信，其心怯弱。以住於此娑婆世界，自畏不能常值諸佛，親承供養。懼謂信心難可成就，意欲退者，當知如來有勝方便，攝護信心。謂以專意念佛因緣，隨願得生他方佛土，常見於佛，永離惡道。如修多羅說：若人專念西方極樂世界阿彌陀佛，所修善根迴向願求生彼世界，即得往生。」[179]彌陀發超世弘願，唯以一向專稱名號為回鄉之正定業，可攝護信心，為最勝方便。是以淨土雖為難信之法，卻有易入之妙方，但能一向專稱名號，自契佛願而得回鄉。

178　龍樹菩薩著，〈易行品〉，《十住毘婆沙論》。
179　出自馬鳴菩薩造，《大乘起信論》。修多羅（sutra），譯為契經，簡稱經。

因而「大聖悲愍，直勸專稱名字；正由稱名易故，相續即生。」善導大師以兩種方式立信，統攝一切。[180]大師為了呈現本願稱名（行）之一面，雖然於本願取意文省略了「至心信樂」，但大師亦在《觀經疏》裡說明建立信心有二種途徑，一個稱為「就人立信」；一個叫做「就行立信」。什麼叫「就人立信」呢？就人所言而立信心，稱為就人立信，如信彌陀之願力、佛陀之勸說、諸佛之證誠等。[181]換言之，「就人立信」是就佛所講的話建立信心，其他人還沒有成佛，即使是菩薩，因還在因地，他們所講的話，一定要佛來印說：「汝等所說如是。」這樣才可奉行。此外，稱名之正定業為順彌陀願力之行，就此而立決定回鄉之信心，則稱為就行立信。善導大師在《觀經疏》中詳細解釋「就行立信」，說明回極樂故鄉之行有「正行」與「雜行」，其文如下：「『就行立信』者，然行有二種：一者『正行』，二者『雜行』。言『正行』者，專依往生經行行者，是名正行。何者是也？一心專讀誦此《觀經》、《彌陀經》、《無量壽經》等。一心專注思想、觀察、憶念彼國二報莊嚴。若禮，即一心專禮彼佛。若口稱，即一心專稱彼佛。若讚歎供養，即一心專讚歎供養。是名為正。又就此正中，復有二種：一者『一心專念，彌陀名號，行住坐臥，不問時節久近，念念不捨

---

[180] 智隨法師著，《阿彌陀經要解》略註，淨土宗文教基金會，2005年1月。

[181] 善導大師著，《觀經四帖疏》。

者，是名正定之業，順彼佛願故』。若依禮誦等，即名為『助業』。除此正助二行以外，自餘諸善，悉名『雜行』。若修前正助二行，心常親近，憶念不斷，名為無間也。若行後雜行，即心常間斷，雖可迴向得生，眾名疏雜之行也。」[182]文中指出正行有五種，名為五正行，即是「讀、觀、禮、稱、讚」，亦即：一讀誦正行，二觀察正行，三禮拜正行，四稱名正行，五讚供正行。為什麼此五種行名為正行？大師如是說：「言正行者，專依往生經行行者，是名正行。」亦即此五種正行是專依往生經（指淨土三經）所說之行而行，是化生故鄉純正直接之行的緣故。又此五種正行之中，亦分為「正定業」與「助業」兩種。五正行中第四之稱名念佛，名為「正定業」，大師云：「一心專念，彌陀名號，行住坐臥，不問時節久近，念念不捨者，是名正定之業，順彼佛願故。」助業即是其餘四種正行，大師云：「若依禮誦等，即名為助業。」為什麼五種正行之中，獨以稱名念佛為正定業？大師解釋說：「順彼佛願故。」即「稱名念佛是彌陀本願之行」，餘行非本願之行；因此但稱佛名，即是乘佛本願力，回鄉一定。大師又說：「除此正助二行以外，自餘諸善，悉名雜行。」亦即五正行之外的所有修行，都名之為雜行。與回極樂故鄉之正行相對之五種雜行。即：一讀誦雜行，二觀察雜行，三禮拜雜行，四稱名雜行，五讚歎供養雜行。第

---

182 同前註。

一、讀誦雜行者，除《觀無量壽經》等往生淨土經（淨土三經）以外，於大小乘，顯密諸經，受持讀誦，悉名讀誦雜行。[183]第二、觀察雜行者，除上極樂依正以外，大小顯密事理觀行，皆悉名觀察雜行。第三、禮拜雜行者，除上禮拜彌陀以外，於一切諸餘佛菩薩等，及諸世天等禮拜恭敬，悉名禮拜雜行。第四、稱名雜行者，除上稱彌陀名號以外，稱自餘一切佛菩薩等，及諸世天等名號，悉名稱名雜行。第五、讚歎供養雜行者，除上彌陀佛以外，於一切諸餘佛菩薩等，及諸世天等讚歎供養，悉名讚歎供養雜行。修五正行者，與彌陀親緣、近緣、無間、不別迴向、純化生極樂故鄉之行。修雜行者，與彌陀以外之諸佛菩薩天人相關係之行，與彌陀疏、遠、有間，須要迴向、不純。修五正行與修雜行比較，應捨雜行，選正行，此為善導大師「就行立信」之意。接著，大師指出：「念念相續，畢命為期者，十即十生，百即百生。」[184]這一段說明若能一向專念名號者，則百分百回鄉。又說雜業之失：「若欲捨專修雜業者，百時希得一二，千時希得三五。」[185]意指人若雜行雜修，則回鄉不定。如印光大師讚言：「善導和尚系（係）彌陀化身，有大神通，有大智慧。其宏闡淨土，不尚玄妙，唯在真切平實處，教人修持。至於所示專雜二修，其利無窮。專修謂身業專禮，口業專

---

183 《觀無量壽經》、《無量壽經》、《阿彌陀經》合稱淨土三經。
184 善導大師著，《往生禮讚》。
185 同前註。

稱，意業專念。如是則往生西方，萬不漏一。雜修謂兼修種種法門，回向往生。以心不純一，故難得益，則百中希得一二，千中希得三四往生者。此金口誠言，千古不易之鐵案也。」[186]彌陀化身的善導大師與大勢至菩薩再來的印光大師都同勸我們應專修不可雜修，猶如種植須除草，所以只要依佛力專修應捨雜行自力草，即可萬修萬人回鄉。

△信之一面

我們除了依第十八願願文，一向專稱名號之外，同時可依成就文（信的一面）於平生信心決定，即獲得絕對幸福（平生業成）。《無量壽經》云：「諸有眾生，聞其名號，信心歡喜，乃至一念，至心迴向，願生彼國，即得往生，住不退轉；唯除五逆，誹謗正法。」成就文的意思是：「十方一切眾生，只要聞佛願生起本末及名號功德，而無有疑心以領受六字名號，於是在一念的瞬間成為信心決定（大安心、大滿足）之身，同時起願生之心，這是因為彌陀以真實心，把名號的功德給予我們，所以是由於這個利益而起的。因此不隔日不隔時，於現在，即刻得到不退轉之身，將來生命結束時一定化生極樂國，不過，犯了五逆與誹謗正法者除外。」[187]又有一首第十八願成就偈云：「其佛本願力，聞名欲往生，皆悉到彼

---

186 印光大師撰，〈復永嘉某居士昆季書〉，《印光法師文鈔》。
187 柏原祐義著，慧淨法師校訂，《淨土三部經講話》。

國,自致不退轉。」[188]這首偈旨在說明因彌陀本願力,令眾生信受彌陀本願與名號,而思欲回極樂故鄉,此等之人,必使其回鄉,皆無遺漏,自自然然至不退轉之位(必定成佛之身,使致於正定聚位)。[189]第十八願願文係就行之一面而言;成就文則以信的一面而呈現。其實信與行,本是一體的兩面,不可分割,同為第十八願之願事。[190]佛陀所言的第十八願成就文指出眾生只要聞佛願生起本末及名號功德,在一念之中成為信心歡喜之身,即刻獲得絕對幸福及回極樂故鄉之利益。換言之,我們可透由「聞其名號」以獲得信心決定。[191]我們除了專稱佛名及廢惡修善之外,若能於平日多聞佛願生起本末及名號功德等教法,則將蒙彌陀以遍照光調熟(培育)宿善以致信心決定,於信心決定之剎那即獲得絕對幸福及十種利益,此後為自然法爾的感恩念佛(如圖4)。[192]

---

188 詳見附錄《佛說無量壽經》集要第十八則。

189 慧淨法師編述,《淨宗要義》,本願山彌陀淨舍,1998年2月。

190 〈淨土釋疑〉,《淨土行者信願法師園地》,本願山全球資訊網。

191 聞是指眾生聞佛願生起本末(緣由來歷等),而無有疑心。參考柏原祐義著,慧淨法師校訂,《淨土三部經講話》。「聞其名號」就是聞佛願生起本末,而領受六字名號之意。六字名號有破闇滿願之力量。

192 獲得金剛真心者(信心決定者),必獲現生十種利益:一、冥眾護持益。二、至德具足益。三、轉惡成善益。四、諸佛護念益。五、諸佛稱讚益。六、心光常護益。七、心多歡喜益。八、知具報德益。九、常行大悲益。十、入正定聚益。參閱慧淨法師編述,《淨宗要義》,本願山彌陀淨舍,1998年2月。

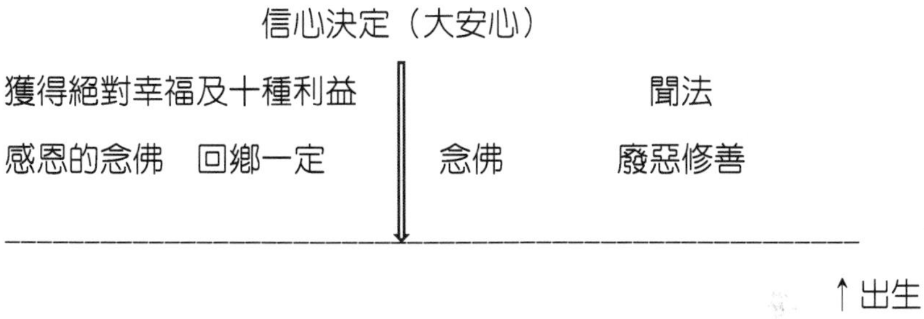

```
                    信心決定（大安心）

獲得絕對幸福及十種利益                        聞法
                              ┃
感恩的念佛   回鄉一定    ┃ 念佛    廢惡修善
                              ┃
                              ▼
──────────────────────────────────────

                                      ↑ 出生
```

圖 4 · 信心決定圖

　　我們如何知道自己是否已信心決定了呢？可以從「凡得信心者，平時必會憶佛念佛，且常想報佛恩」來判斷，也可從獲得信心決定者的現生十種利益之一些現象加以衡準，比如心多歡喜、知恩報德和常行大悲等。信心決定的人已乘上了彌陀大悲願船，雖然會遇到人間風浪，但所見到的人生海，閃耀著無限的光輝，壯闊又燦爛明亮，如在順風中，揚起了船帆，徜徉大海，覺得活著真是太美好了！因而善導大師言：「自信教人信，難中轉更難；大悲傳普化，真成報佛恩。」[193]這是在說明自己深信彌陀的本願，也教他人相信這麼美妙的不可思議法門，這是不容易的；聞佛陀的教法，而信心決定也是不容易的。因而自自然然地會將彌陀本願之淨土教法弘傳出去，來報答彌陀的恩德。

　　信心是佛道之源、功德之母，滋生長養一切善法的根本。因信

---

[193] 善導大師著，《往生禮讚》。

根堅固而生熱誠與力量，進而力行方能成就佛道。如《華嚴經》云：「信為道元（源）功德母，長養一切諸善根。」《成唯識論》對佛法的信，也有很簡潔扼要的說明：「於實德能，深忍樂欲，心淨為性。」指對於真實的三寶，有功德的，具有離苦得樂的功能的，深深地相信、喜好，而且進一步去追求。也就是心向著解脫的方面去喜好盼望，而修習佛法；同時，這種信心純淨「不雜疑念」，所以叫心淨為性。因此，這個信是佛法所講的信，也叫「淨信」。淨土法門對信的解釋又是什麼呢？是「信彌陀與名號」，也就是說：「世間虛假，唯彌陀是真。」由於只有彌陀的萬行、萬德，所修成的六字名號才能讓我們離開六道，回極樂故鄉成佛。因此，彌陀的本身，是「實」，是真實，彌陀的本身是「德」，彌陀與名號是「能」。要到達涅槃的境界，就要回極樂故鄉。極樂故鄉是無為的涅槃境界，唯有依靠六字名號，就是彌陀的大悲願船，就能夠脫離生死苦海。所以，我們在這裡所講的「淨信」，就是信彌陀與名號，唯有彌陀是真實的；深信彌陀本願，唯有彌陀六字洪名，真的是萬德萬行的結晶，於此信無有疑心，稱為「淨信」。[194]淨信對念佛人相當重要，因此印光大師說：「淨土法門，唯信為本。」[195]

善導大師在《觀經疏》中提出著名的兩種深信：「言深心者，

---

[194] 慧淨法師講述，〈淨信〉，《演講摘錄》，中華淨土宗協會。
[195] 詳見附錄印光大師法語集要第二則。

即是深信之心也，亦有二種：一者決定深信：自身現是罪惡生死凡夫，曠劫以來，常沒常流轉，無有出離之緣。二者決定深信：彼阿彌陀佛四十八願攝受眾生，無疑無慮，乘彼願力，定得往生。」[196]又云：「此心深信，由若金剛，不為一切異見、異學、別解、別行人等之所動亂破壞，唯是決定一心，投正直進。」[197]大師並於《往生禮讚》中再次解釋說：「深心即是真實信心：信知自身是具足煩惱凡夫，善根薄少，流轉三界，不出火宅；今信知彌陀本弘誓願，及稱名號，下至十聲、一聲等，定得往生；乃至一念無有疑心，故名深心。」又言：「彌陀世尊，本發深重誓願，以光明名號，攝化十方，但使信心求念；上盡一形，下至十聲、一聲等，以佛願力，易得往生。」[198]兩種深信之中，其一深信指捨棄依靠自力之心修行的想法（自己完全無力，絕對無力），另一深信則指完全仰靠彌陀之佛力（完全他力，絕對他力）。按照善導大師的解釋，所謂的「深心」就是深信之心、金剛信心、一心一向心、真實信心、一念無有疑心。達到深信很重要，因原來一個專稱名號的人，如果沒有深信心，可能受到異見、異學、別解、別行者或其他因素的影響，而改變修行法門，甚至改變信仰。[199]如何確知自己已經決定深信了

---

196 善導大師著，《觀經四帖疏》。
197 同前註。
198 善導大師著，《往生禮讚》。
199 「別解、別行」，指的就是聖道門正知正見的人，雖然有正知正見，但是因為聖道與淨土二門解行不同，所以叫別解別行。「異見、異

呢？決定深信中的「決定」是指要定下來，不能改變。從不定到決定，從疑惑到信仰。因此，善導大師在講「深信」時，前面都有「決定」兩字，「決定」就是一定要定下來的，是對事實真相的認定，而且不會改變。即「此心深信，猶如金剛」，金剛是不會被其他所破壞的。「決定深信」一旦定下來之後，就不會改變，不可動搖，不被破壞，此心就是金剛信心或真實信心，即獲信心決定。所以，善導大師比喻說，縱使羅漢、菩薩、辟支佛、化佛、報佛等輝光吐舌來說一向專念名號不能回鄉，都不會相信，只相信佛陀所說才是真實不虛的。[200]這一切唯增長成就回鄉信心、淨信心、上上信心，這就是決定深信。因而我們要決定深信自身是罪惡生死凡夫，久遠以來，輪轉於六道，自今而後也無有出離之緣的人。徹底而言，若不能回鄉，未來世中就會常在惡道中流轉。佛陀因而告訴我們，極樂故鄉存在的目的，就是為了我們眾生；彌陀的弘誓大願功德力，就是使我們回極樂故鄉，所以我們只要信受彌陀的救度，一向專念名號，就能回鄉一定。

　　淨宗之團體或個人都注重信心，也注重念佛，但為了考慮當地文化傳統、風俗、民情、價值觀、時代及傳法之需要等因素，而有表彰「念佛（稱名）之弘化」與表彰「信心之弘化」的差異而已。

學」，指的就是聖道門沒有正知或正見的人，依他自己所修學的法門，來錯解念佛法門。

200 善導大師著，《觀經四帖疏》。

「信」與「行」即信心與名號，本來就不可分開，兩者相雖有二，體則是一。[201]由於信心向稱名而發起，信不離行；稱名從信心流出，因而行不離信。譬如炭火，於炭全火時，舉炭則是火，舉火則是炭，不可分離。念佛如炭，信心如火，若舉其一，則他一全收。[202]名號法體具能信、能行，為迴向之予眾生，使諸佛稱讚，由稱讚得往相行信，法藏菩薩選擇稱名一行為回鄉之正定業，由諸佛讚歎，故眾生信之得成正定業，信行相即。[203]

△回鄉業成

我們確定回極樂故鄉之業事，不是決定於生命結束後，而是決定於活著時。淨土法門以回極樂故鄉為目的，為了便於說明，將回故鄉的決定（回鄉業成）分為平生業成與臨終業成兩種，其實臨終業成也是平生業成，因一樣是活著的時候佛菩薩，或者化佛菩薩，或者金蓮華來迎而回鄉一定，如一念頃就回故鄉了。平生相對於臨終，成是成就；平生（非臨終）之時，回故鄉之業事已經成就，沒有任何不確定性，此即稱為「平生業成」（如圖5）。

---

[201] 參閱柏原祐義著，慧淨法師校訂，《淨土三部經講話》。
[202] 參閱小栗憲一著，《淨宗教旨》，本願山彌陀淨舍，1993年10月。
[203] 道隱法師著，《佛說無量壽經甄解》，三重本願念佛會，2006年4月。同體關係謂之相即。

信心決定（大安心）

| 回鄉成佛 | 感恩念佛　回鄉一定 | | 聞法 |
| | 獲得絕對幸福 | 念佛　廢惡修善 | ← |

臨終　　　　　　　　　　　　　　　　　　　　出生

圖 5・平生業成圖

　　若人了知彌陀本願生起本末及名號功德之事，雖然一向專念名號從不改變，但是仍未能於平生獲得信心決定者，或者如《觀無量壽經》下品上生與下品下生者，於臨終時，經善知識開導，因稱佛名故，即得回鄉，這些情形都將於臨終時成就回鄉之業事，謂之為臨終業成（如圖6），如以下品上生而言，經云：「智者復教合掌叉手，稱南無阿彌陀佛。稱佛名故，除五十億劫生死之罪。爾時彼佛，即遣化佛，化觀世音，化大勢至，至行者前。讚言：『善男子，以汝稱佛名故，諸罪消滅，我來迎汝。』作是語已，行者即見化佛光明，遍滿其室。見已歡喜，即便命終。乘寶蓮華，隨化佛後，生寶池中。經七七日，蓮華乃敷。」其人於臨終時，方經善知識教導稱六字名號，因其稱佛名故，所有的罪業得以消滅，化佛菩薩來迎而業成。

回鄉成佛		聞法	
獲得絕對幸福	念佛	廢惡修善	←
臨終		出生	

圖 6 · 臨終業成圖

　　另外，眾生只要盡其生命，一向專稱名號，就能回鄉一定，如《阿彌陀經》云：「若有善男子、善女人，聞說阿彌陀佛，執持名號，若一日、若二日、……、若七日一心不亂。其人臨命終時，阿彌陀佛與諸聖眾，現在其前；是人終時，心不顛倒，即得往生阿彌陀佛極樂國土。」善導大師《般舟讚》言：「畢命為期專念佛，須臾命斷佛迎將。」又於《觀經疏》云：「但能上盡一形，下至十念，以佛願力，莫不皆往，故名易也。」《觀念法門》說：「一切造罪凡夫，但迴心念阿彌陀佛，願生淨土，上盡百年，下至七日、一日，十聲、三聲、一聲等，命欲終時，佛與聖眾，自來迎接，即得往生。」善導大師此三段文隱含之意為：一向專稱名號者，若無法於平生信心決定則能臨終業成。若能如大師兩種深信之說，達到決定深信（具金剛信心）者，得以獲致信心決定，即平生業成，善導大師在《往生禮讚》〈讚佛偈〉言：「彌陀身色如金山，相好光明照十方；唯有念佛蒙光攝，當知本願最為強。六方如來舒舌證，專稱名號至西方；到彼華開聞妙法，十地願行自然彰。」此偈前半段隱含著信之一面，指信心決定之念佛人，蒙彌陀光明攝取不捨，

此為平生業成；後半段則顯明行的一面，如《阿彌陀經》所言執持名號者，今生回鄉一定，即臨終業成。

再依據蕅益大師的講法，回鄉決定（業成）同樣有二種：一種是就這一期生命來說，今生若因「發願持名」，則可臨終業成，另一種是現今「信願持名」，則為平生剎那決定（平生業成），如大師在《阿彌陀經要解》中言：「問：今發願，但可雲（云）當生，何名今生？答：此亦二義：一、約一期名今，現生發願持名，臨終定生淨土。二、約剎那名今，一念相應一念生，念念相應念念生，妙因妙果，不離一心，如稱兩頭，低昂時等，何俟娑婆報盡，方育珍池？只今信願持名，蓮萼光榮，金台影現，便非娑婆界內人矣。極圓極頓，難議難思，唯有大智，方能諦信。」依大師之釋，可知回鄉業成有「臨終業成」與「平生（當下）業成」二義：若現生發願持名，則臨終決定業成；若信願持名，則念念與佛相應，念念蒙光攝取，念念即生，妙因妙果，不隔時日；現今金台影現，蓮花已生，即已是極樂之聖眾，便非娑婆世界之人，此即「平生業成」。因此，若能決定深信彌陀本願，一向專念名號之人，則自自然然具足無上的功德，所以具有「凡夫菩薩格」，雖然現在是具足貪瞋痴的凡夫，妄想雜念多，習氣也非常沉重，但已不是生死輪迴凡夫，而是極樂故鄉的聖眾之一，因為他必定回極樂故鄉，而回鄉即是涅槃的境界。如印光大師所說：「果能生死心切，信得及，不生一念疑惑之心，則雖未出娑婆，已非娑婆之久客；未生極樂，即是極樂

之嘉賓。」[204]大師指出若能生死心切，知道這是娑婆的世界，是六道輪迴，是造業的世界，而決定要回極樂故鄉，不再流浪，無論罪業多重只要信受彌陀本願力，無有疑惑之心（金剛信心），雖然身在娑婆，煩惱仍然充滿心中，卻能時時在彌陀光明攝取中，回鄉已決定（平生業成），生死輪迴已徹底遠離。[205]如《觀無量壽經》云：「光明遍照十方世界，念佛眾生攝取不捨。」彌陀的攝取光明作用在於攝受照護十方世界的念佛人。不管這個念佛人是出家、在家、有修行、沒修行、智慧、愚癡、有學問、沒學問，只要具足深信心（金剛信心），一向專念名號，即蒙彌陀的光明攝取不捨，彌陀對於此念佛之人，永不離開、不捨棄，一直到臨終接引回極樂故鄉。

自力修諸功德回鄉

依第十九願發菩提心、修諸功德迴向而回鄉。如《無量壽經》云：「設我得佛，十方眾生，發菩提心，修諸功德，至心發願，欲生我國，臨壽終時，假令不與大眾圍繞現其人前者，不取正覺。」意思是說：「如果我成佛時，十方眾生，發菩提心，修諸善萬行積種種功德，以自己的至誠心發願，將所積累的善根迴向願生我國。

---

204 印光大師撰，〈覆鄧伯誠居士書二〉，《印光法師文鈔》。
205 參閱《佛說阿彌陀經》、《佛說觀無量壽經》。

這樣的人臨終時，我將會在許多聖眾圍繞中，現身此人面前，接引到我國。如果不能這樣的話，我就不取正覺。」[206]第十九願的「十方眾生」他不是專稱佛名，是以自力之心修諸功德，然後迴向回極樂故鄉的。他不是專靠彌陀本願力，而是依靠自力，彌陀對這種的眾生來講，並沒有約定，生命不是一體的。修行者因要靠自力之心修諸功德而回鄉，因猶信罪福修習善本，彌陀大慈大悲不捨任何眾生，若其願生心徹至臨終，雖也蒙佛接引，但由於內心不靠佛力、不信佛智之故，而「胎生」極樂故鄉，五百歲不見三寶；因以平生所修功德迴向，也難免心有不安，不知何時功德圓滿，直到佛來迎，方知功不唐捐。臨終來迎是彌陀讓眾生回鄉的功能之一。念佛人有彌陀「若不生者，不取正覺」的本誓重願，只要一向專稱名號，回鄉一定。換言之，此念佛人與彌陀，無論何時何地都與佛同在，因而不期彌陀於臨終時來迎。

第十九願行者，由於不是一向專稱佛名，而是靠自力之心修諸功德迴向回鄉，回鄉業因未決，心中耽憂不得回鄉。大慈大悲的彌陀特發此願，承諾臨終前來加佑，安慰他惶恐不安之心，使其安然回鄉。第十九願是引導聖道門進入第十八願的方便，因為聖道門所修的法，可以用兩句話來概括，即「發菩提心，修諸功德」。「諸功德」就是三學、六度、萬行，本來修聖道門的行者，生生世世以

---

[206] 參考柏原祐義著，慧淨法師校訂，《淨土三部經講話》。

自力來修行成佛的。彌陀為了引導他們回極樂故鄉，所以說：「你如果至誠心發願，欲生我國的話，臨終時，我也會來迎接你，依你所修的功德，也能夠回極樂故鄉。」是先以這樣來引導，彌陀的目的是要他不用靠他自力之心修諸功德迴向回鄉，而是要他直截了當的進入第十八願，依靠六字名號的功德力量。

自力念佛回鄉

　　眾生之所以能以自力之心念佛而回鄉，係由於彌陀於因地法藏菩薩時，曾發了第二十願說：「設我得佛，十方眾生，聞我名號，係（繫）念我國，殖（植）諸德本，至心迴向，欲生我國，不果遂者，不取正覺。」意指：「假使我成佛時，十方眾生之中，有聽到我的名字想回極樂故鄉，而自力念佛以至誠心迴向，想藉此功德，欲回極樂故鄉的人。如果我不能破除他們的自力之心，並讓他們達成回鄉願望，我就不取正覺。」此願有「不果遂者願」之願名。若一生二生，不能回極樂故鄉，則於第三生決定果遂（達成願望），但不限於二生（來生）或三生（來來生）才回鄉，若有人由於過去遙遠的往昔以來，一生又一生重重所受的佛緣、宿善，則於今生就能進入第十八願而回鄉。[207]四十八願中，以第十八為真實，第十

---

207 同前註。

九、二十願為方便。[208]若捨修諸萬行，取自力念佛，是為十九願進
入二十願；若捨自力念佛，取本願力（佛力）念佛，則由二十願進
入十八願。以三生果遂而言，有人今生就進入十八願而回鄉；也有
人來生進入十八願回鄉；還有人來來生方進入十八願回鄉，皆依宿
善厚薄而不同。

聞法要訣

依第十八願成就文，我們須「聞其名號」以獲致信心決定，因
此，平日除了念佛及廢惡修善使宿善深厚外，有效的「聞法」相當
關鍵。如何聽聞呢？首先要有殷重聽聞之心態，《無量壽經》云：
「設有大火，充滿三千大千世界，要當過此，聞是經法，歡喜信
樂，受持讀誦，如說修行。」此段經文意指：因全憑聽聞彌陀本
願，方能獲得救度，所以即使穿過大火、大風、大雨、大雪，也要
聽聞此經本願，以歡喜心信受彌陀救度，受持讀誦，依教奉行。也
就是說，我們要把聽聞當作是人生最難得、最重要的事，以此心態
聽聞。接著，思惟聽聞之殊勝利益，如當佛陀說完《無量壽經》
時，聽聞的無量眾生皆信受彌陀救度，發無上菩提心。具體言之，
有一萬二千那由他的人得到了小乘初果，二十二億諸天人民得到小

---

208 慧淨法師編述，《淨宗要義》，本願山彌陀淨舍，1998年2月。

乘三果，八十萬比丘得小乘四果，四十億菩薩得到大乘不退轉位，以濟度眾生之願莊嚴自己，得到了於未來世成佛的利益。又《法句經》偈云：「多聞令志明，已明智慧增，智則博解義，見義行法安；多聞能除憂，能以定為歡，善說甘露法，自致得泥洹。」佛陀勸我們勤學多聞，因為多聞可以使志向明朗，志向明朗則智慧（高意識等級）增加：有了智慧便可廣泛地理解佛法義理，洞見了法義力行佛法就更加安穩。多聞可以消除憂愁，能夠令心安定而歡喜快樂：並能善於說法，自己又可得涅槃果（成佛）。所有的佛經，開頭的第一句話都是「如是我聞」，可見聽聞相當重要。如《聽聞集》云：「由聞知諸法，由聞遮諸惡，由聞斷無義，由聞得涅槃。」我們藉由聽聞可以了知一切法；藉由聽聞可以遮止一切惡；藉由聽聞可以斷除無義利；藉由聽聞可以得涅槃。《本生論》亦云：「若由聞法發信意，成妙歡喜獲堅住，啟發智慧無愚痴，用自肉買亦應理。」如果經由聞法生起淨信心；令我們無比歡喜，而獲得堅固金剛心；可以啟發我們的智慧，而沒有愚痴；得以成佛，遠勝身肉的價值，因此用自肉換取聞法也是合理的。這是經論中讚歎聞法功德頌，可說佛法中一切功德，都由聞法而來。

　　龍樹菩薩認為可由三處聞法：第一、從佛聞法；第二、從佛弟子（善知識）聞法；第三、從經典聞法。[209]從佛及弟子聞法（善知

---

[209] 龍樹菩薩造，姚秦鳩摩羅什譯，《大智度論》。

識），是指親聞語言的開示，所以《楞嚴經》上說：「此方真教體，清淨在音聞。」不過佛陀涅槃以後，我們只能從善知識聽聞佛法。另外，亦可閱讀經論去了解佛法。所以，從善知識聽聞，或者閱讀經論，都稱為聞法。

正式聽聞時，若昏沉心、散亂，或是執著自己的知見，或是於聽聞後，不思惟、不修習，都無法獲得聽聞的益處，所以應避免聽聞的一些過失，再依六種觀想而正聽聞。首先了解聽聞可能犯的過失。現在舉兩個譬喻，來說明聽法時應離去的過失。第一個比喻，以器皿裝水來說明，聽聞時常患的三種過失。若是將器皿倒覆向下；或者口雖朝上，內部卻已遭染汙；或是內部雖然潔淨，但底部會漏，這三種情況，都無法充分利用這只器皿。同樣的道理，如果於聽聞時，人雖在場，但是心不在焉；或者散亂；或者昏沉、打瞌睡這些情況，就如同倒覆的器皿，令水無法流入的過失。或者雖然專心聽聞，但是心中仍然堅持自己錯誤的見解；或是聽聞的動機、發心不清淨，就如同不潔淨的器皿，使水染汙。假使聽聞時，沒有上面所說的兩種過失，但在聽聞後，沒有經常思惟修習所聞到的義理，致使法義無法受持而忘失，就如同滲漏的器皿，有使水瀉漏的過失，如此聽聞也全無大益。

第二個比喻，是在大地上種植時，也有三種過失是必須遠離的：第一、要將種子種在土地上，如果栽種在砂石或石板上，是不會發芽的；第二、若栽種在雜草叢生的土地上，即使能發芽，也無

法生長，不久就枯萎了；第三、雖然栽種在肥沃的土上，沒有雜草叢生的阻礙，可是因淺植在土內，不久就被鳥雀吃了。這是比喻一個人的心太過剛強執著，就如同地面過於堅硬，種子既不能扎根，也無法生長。人的雜念妄想太多，就好比土地上長了許多雜草，種子都給雜草覆蓋、養分也被吸收了，就無法長得好。人的善根種子若不能深植，就如種子不夠深，佛法也無法入心。聽聞也如此，但如不用心；或有雜染心相雜；或心雖專一，而不久又忘失了，如此聽聞，是不會有益處的。所以為了得到聽聞的利益，必須離去三種過失，好好的聽聞、思惟、憶念才可得到。因此在正式聽聞時，首先應該避免這些過失。該如何避免呢？佛陀在說法時，總是會提醒聽眾說：「諦聽！諦聽！善思念之。」聽聞是先要諦聽，要仔細的聽，認真的聽，以對治不專心聽聞的過失。其次是善思念之，為了能不誤解、不錯解，要經常思惟佛法的義理，才能建立正知見，以對治邪執、不善動機發心的過失，在聽聞、思惟以後，還要憶念受持，才能對法堅持，不會有忘念等所失壞的過失。這其中的道理，亦如《菩薩地》中所說：「希於徧知，專注屬耳，意善敬住，以一切心，思惟聽聞。」意指如果希望能如佛一般的普徧了知一切，就應該具備一心的專注、良好的動機、恭敬的態度、如理的思惟，專心的憶念而聽聞。

其次是依六種觀想而正聽聞。依六種觀想當中，第一想是把自己當作是「生病想」。寂天菩薩說：「若遭常病逼，尚須依醫言，

況長遭貪等，百過病所逼。」平常我們受到疾病的逼惱，還須依止醫生的囑咐，何況是長久以來，遭到貪、瞋、痴、慢等八萬四千煩惱所逼惱。如此長久的時間，如此難療的病情，如此猛利的苦受，都是受到貪、瞋、無明等煩惱逼迫的緣故，所以使我們成為罪惡生死凡夫，曠劫以來常沒常流轉，無有出離之緣。第二想是將彌陀當作是「大醫王想」。如果遇受到嚴重的疾病，我們會去尋求最好的醫生，若是能夠碰到好的醫生，心中當然非常的歡喜，而前去看病，並遵照他的指示服藥，不敢有所違背。同樣的，我們也應該積極努力去尋找一位能夠醫治我們無明大病的良醫。很幸運地，我們經由大慈大悲的佛陀再三勸說，才相信只有彌陀這位大醫王能治好我們的無明業障病，此可怕的病唯有彌陀的光明（力量）能醫治，其他諸佛都稱讚並大力推薦，佛陀在《無量壽經》中，以最崇高的敬意，來讚歎、稱揚彌陀（無量壽佛）說：「無量壽佛，威神光明，最尊第一，諸佛光明，所不能及。」我們應當好好把握。第三想是對彌陀名號，當作是「阿伽陀藥想」。[210] 就如同病人一樣，為了治病，對於醫師所配給的藥方，一定非常的珍愛。彌陀這位大醫王已作好了療癒我們無明大病的阿伽陀藥（名號具足無上功德），應當珍惜。第四想是將稱念名號和聽聞，作「服藥想」。如果病人雖相信但沒服用醫師所配的藥方，病就不能痊癒。我們從無始以

---

[210] 阿伽陀藥又稱不死之藥。此藥靈奇，服之能普去眾疾且使壽命無量。

來，長久遭受到無明重病的逼害，若是偶而才念佛或聽聞或常間斷，這也是不會痊癒的，所以應念念不捨的念佛和經常聽聞。第五想是「說法者如佛想」。在聽聞時，為了隨念佛的恩德，也能視說法善知識如佛，生起敬重的心。第六想是「佛法久住想」。應作這樣的思惟：如何才能讓彌陀本願的教法久住世間呢？因為佛法是否能久住世間，有賴聽聞者和講說者，能夠自信教人信以報佛恩。總之，聽聞得先調整好心態，並思惟聽聞殊勝的利益，然後勤於聽聞，並避免聽聞的過失、具六種觀想而正聽聞，如果我們能夠不斷地、重複地去聽聞，並加以實踐，滴水都能穿石，何況聽聞久了，必會達到無有疑心，即獲信心決定，得到永恆的幸福。

極樂故鄉真實存在

在《無量壽經》裡頭，彌陀放大光明普照諸佛世界時，阿難尊者藉著那輝耀的光明，拜見了彌陀。彌陀威神功德赫赫巍巍，就像須彌山聳立在眾山之中一般，相好莊嚴光明非常，一切無不照亮；靈鷲山上的在家眾、出家眾同時睹見。[211]在《觀無量壽經》裡，韋提希夫人請佛陀為她廣泛宣說沒有憂悲苦惱的地方，她想生到那裡去，不樂意繼續生活在這閻浮提五濁惡世。這個濁惡之處，地獄、

---

211 原經文詳見附錄《佛說無量壽經》集要第十四則。

餓鬼、畜生三惡道充滿，多是不善之類聚集。她希望未來到一個聞不到惡聲，見不到惡人的地方。她五體投地，向佛陀乞憐，懺悔說：「世尊，世界之光明啊！請世尊讓我看到清淨果報之處，我願轉生到那裡。」佛陀聽到夫人懇切的請求，從眉間白毫放出金色的光明，普照十方無量世界；光明還歸佛陀頭頂，化成須彌山一般巍峨的金臺，十方諸佛的淨妙國土皆在其中顯現：有的國土是由金、銀、琉璃、硨磲等七寶合成；有的國土純是蓮花的世界；又有的國土就像自在天宮；也有的國土如同水晶鏡一樣，十方國土都在其中呈現。有諸如此類無量無邊諸佛國土，莊嚴顯赫，清晰可見，令韋提希夫人一一親見。夫人以驚奇的眼光看著，非常高興的說：「世尊啊！這些佛土雖然都很清淨，充滿了光明，不過，我特別屬意彌陀的極樂世界。希望世尊指點回極樂故鄉的方法，教我如何思惟，教我如何正受。」佛陀對韋提希夫人說：「妳也許不知道，妳所仰慕的阿彌陀佛，其實就在距此不遠的地方。只要信眼一開，妳就會發現，彼佛就在妳身邊。妳現在一心一意向著西方，看那無漏淨業所成就的極樂世界的佛，要觀察清楚。現在，我要告訴妳往生極樂世界的種種方便。不只是妳，也要使未來世貪瞋癡具足而難於修行其他法門的凡夫，只要他們想修往生淨土的行業，都能夠往生西方極樂國土。」[212]韋提希夫人觀見後，她特別挑選了極樂故鄉，佛陀

---

212 原經文詳見附錄《佛說觀無量壽經》集要第一則。

也告訴她回極樂故鄉的方法，一定有其道理。當聽聞佛陀講完第十六觀之後，韋提希夫人即刻親見彌陀、觀世音菩薩、大勢至菩薩與極樂世界，因而信心歡喜，正受金剛心，一念相應後，證得無生法忍。如《觀無量壽經》云：「韋提希與五百侍女，聞佛所說，應時即見極樂世界廣長之相，得見佛身，及二菩薩，心生歡喜，歎未曾有，豁然大悟，得無生忍。」經中諸眾已代我們親眼目睹了彌陀、菩薩與極樂世界，因此我們應深信極樂世界真實存在。

除了前述許多菩薩願回極樂故鄉之外，古往今來，亦有許多高僧修習他宗，或潛心修行淨土法門者，最終選擇回極樂故鄉，可見他們都確信極樂故鄉真實存在。比如齊高僧曇宏法師年少時即嚴守戒行，專精於律部典籍，並持誦《觀無量壽經》不計其數，他以《無量壽經》及《觀世音菩薩普門品》為日課，誓願回極樂故鄉，劉宋孝武帝孝建二年圓寂，弟子們就添加木材助火焚化，直到第二日天亮火勢才燒盡。村裡的居民當日都目睹曇宏法師身黃金色，騎著一隻金鹿向西方奔馳而去，大眾才知道曇宏法師有深厚的修持功行。

齊法琳法師晚年於靈建寺，專修淨土法門，日誦《無量壽經》和《觀世音菩薩普門品》，他每次讀誦經典時，常見到一位相貌莊嚴的出家人，形體非常莊嚴殊勝，高聳直立在面前，齊明帝建武二年，法琳法師臥病在床更加專注地憶念西方淨土，禮拜懺悔不已，

見到極樂故鄉所有聖賢前來迎接，法琳法師向弟子陳述境界，說完即合掌回鄉。隋朝道喻法師居住在開覺寺，專心一志，修持淨土法門，專念彌陀名號，日夜不懈怠，他用栴檀木雕塑一尊彌陀聖像，只有三寸高。有一次，道喻法師在定中，見到彌陀問他說：「你雕塑我的身相，為什麼哪麼小呢？」道喻法師回答說：「心大佛身就大，心小佛身就小。」說完之後，就看見彌陀身相，廣大遍滿虛空。彌陀告訴他說：「你應當沐浴清淨，等到天空明星出現時，我就來迎接你。」當晚到了明星出現時，果然見到彌陀前來迎接，這時光明照耀整個室內，道喻法師就在這個時刻，安祥坐化回鄉了。劉宋高僧慧通法師，平日常祈願歸心極樂故鄉。有一天，法師生病，在禪定中見有一人前來，其形體相貌非常莊嚴，告訴慧通法師說：「良時到了！」不久，見到彌陀放大光明，照耀顯赫。慧通法師從禪定中起，將此事告知同參道友，一說完便念佛回鄉了，異香瀰漫三日才消去。隋朝法智法師在國清寺兜率台，日夜不斷地精進念佛，感得觀世音、大勢至兩位菩薩現身。有一天，又感得大勢至菩薩的天冠寶瓶，放大光明照觸他。到了某一天，法智法師辭別信眾說：「我往生極樂淨土的時間，已經到了，大家要怎樣送行呢？」於是約定三天後大家聚餐送行。到了那天，大家聚餐完畢後，有的住宿在法智法師房間，等候他回極樂故鄉。法智法師身無病苦，到了半夜，坐在繩床上念佛，就這樣坐著安然地回極樂故鄉了。這時候有一道金色光芒，從西方而來，光明照耀四百里，讓江

中船上的人，以為是天亮了。可是過了許久，太陽才出來，方知這是法智法師回極樂故鄉的祥瑞徵兆。[213]

　　唐朝高僧法照大師於大曆五年到達五台，蒙佛光引導下，到了一座寺院。大師進入寺院，看見文殊、普賢兩位菩薩正在講經說法，有一萬多人在恭聽，大師也加入其中聽了一座。隨即，大師向前恭敬頂禮並請教：「現在末法時期，眾生根性不如以往，應當修什麼法門比較穩當？」文殊菩薩跟大師說：「修念佛法門最為穩當。」大師又問：「當云何念？」文殊菩薩開示說：「此世界西，有阿彌陀佛，彼佛願力不可思議，汝當繼念，令無間斷，命終之後，決定往生，永不退轉。」且親授念佛方法。說法結束，文殊菩薩和普賢菩薩共同舒展金臂摩大師頂，為大師授記：「汝以念佛故，不久當證無上正等菩提。若善男子等，願疾成佛者，無過念佛，則能速證無上菩提。」大師聽後解開了所有疑惑，歡喜踴躍，作禮而退。下山之後，大師沿途做記號，正在做記號時，回頭一看，寺院卻不見了，只看到一片荒山，於是這才察覺到這是菩薩化現。[214]現代高僧海賢老和尚這一句阿彌陀佛念了九十二年，他走的時候一百一十二歲，他二十歲開始念，念了九十二年。他親眼看見極樂故鄉十次以上，跟彌陀多次見面，他向彌陀請求接他回鄉，彌陀鼓勵他、勸他多住幾年，彌陀說：「你修得很好，給學佛人做個

---

[213] 〈古代高僧淨土感應事蹟〉。
[214] 〈淨宗四祖法照大師略傳〉，儒釋道文化教育網。

好樣子，特別是給念佛求生淨土的人，做個好榜樣。」[215] 除了菩薩及高僧大德之例子外，我們也可從許多歷代與當代往生極樂之紀實，足以證明極樂故鄉確實存在。

科學研究方面，前台大校長李嗣涔教授曾在台大電機系招收兒童進行手指識字的訓練，使兒童具有手指識字能力。有一天，某位學者寫了個「佛」字給小朋友看看，小朋友在平時測試時所看到的字都是靜態的畫面，但透由手指看到的佛字卻並非字體而是屏幕上閃閃發光的影像，小朋友說：「發光人像在對我笑。」此些影像經過多次實驗後，說明此異象並非來自大腦之幻覺，也證實信息場（靈界）的存在。李教授認為佛、菩薩等人物與故事很可能並非虛構，存在著物質世界以外的更高智慧者，來教導我們往更高層次提升。[216]另外，物理學家約翰‧惠勒（John Wheeler）及安德烈‧林德（Andrei Linde）都相信人的意識會影響其所認知及感受到的現實世界。意識是參與發展真實世界的重要元素，深深影響着人類生活的每一個層面，人類通過意識不斷在改寫個人的命運及現實的世界。幹細胞權威羅伯特‧蘭紮（Robert Lanza）最近更提出生物中心主義（Biocentrism），指出生命與生物才是真實世界的中心。人類的意識是創造宇宙的重要條件，時間與空間只是人類意識的工具，意識使世界變得有意義。宇宙和人類意識並非各自獨立存在，而是互相

215 淨空老和尚講述，《2014淨土大經科註》第416集。
216 李嗣涔著，《靈界的科學》，三采出版，2018年10月。

影響的。人類的意識可以影響物體、環境與生活，甚至可以創造及改變世界，群體的共同願望及意識的影響力更大。如果沒有生命，沒有意識，便沒有真實的世界。從量子糾纏理論以至生物中心主義都認為人類的意識是創造宇宙萬物的一個重要元素，從「意識的參與」與「意識創造宇宙」，已指出強大的意識可以創造一個新世界。彌陀經過兆載永劫的修行歷程，累積了難以量計的功德，其意識和願力是無可量計的強大。因此彌陀創建一個理想世界是真實的，亦與現代科學理論吻合。[217]

　　一般人以眼見為憑，凡是沒有看到的，就認定為不存在。其實，沒見到不一定不存在。譬如，生盲者沒見過萬物的形、色，而明眼者看到存在。常人肉眼沒看到太空深處的天體和微觀粒子，但不能否認有天體和粒子的存在。人眼只能藉由顯微鏡，才可觀察到細菌。又如可見光，其光譜是電磁波段在人眼睛可以看到的波段 380-750 nm，對應到的頻率為790-400兆赫，其他波段人眼無法看見。一般人僅能依眼耳等感官來判斷事物的有無，由於見識有限，因而無法感知到極樂故鄉的存在。

[217] 潘宗光（教授）著，《佛教與科學》增編版。

窮子流浪喻

　　《妙法蓮華經》上講了一個窮子喻，非常能說明佛的慈悲，這個比喻是這樣的：有一位大富長者，很富裕。他有一個獨生兒子，小的時候就散失了，這位大富長者的心情很著急，想找到他失散多年的兒子。這樣找了幾十年，到處尋找也都沒有找到，漸漸地，大富長者年歲也大了，他有很多的田園家產，他說：「雖然我這麼多的財產，我唯一的兒子卻不知在那裡，那我要交給誰呢？」因此他更加急著去找他失散多年的兒子。每到了一處，大富長者就住下來找。

　　他的兒子這麼多年來一直在外面流浪，也不知道他的父母是何等身分、是何方人士，只是到處當臨時工。他心想：我生下來就是一個賤民，當然做最苦、最髒、最累的工作，或者今天在這裡做一天，明天到那裡工作一天，吃了上頓愁下頓的。說來也很巧，有一天，他剛好路過大富長者的莊園，本來想在這裡找一份工作，往裡探一下：看到這家大豪宅，裡面有一位莊嚴的長者，周圍有很多侍從，門前車水馬龍。他一看這樣威武莊嚴的長者、這樣富麗堂皇的宅第，心想：「像我這樣的賤民，哪裡有資格到這裡來找一份差事做呢？我還是趕快走比較好，免得時間長了出事情，說不定家丁會出來把我抓起來。」他這樣想了之後，準備拔腿離開。這時候，他的父親（就是大富長者，當然這位窮子還不知道）抬頭一望，剛好

看到他，心想：「這不是我失散多年的兒子嗎？」（他還認得），心中非常高興，馬上對左右說：「你們趕快去，把這個人給我請回來。」窮子正在猶豫不決之間，忽然發現裡邊走出兩個人，心想：「完了！這可能是來抓我的。」拔腿就跑，那兩個人奉大富長者之命，緊追不捨，跟在窮子後面喊。越喊他，他越跑得急。你想，窮子又餓、又累、又瘦，無法跑得過後面兩位（他們人強馬壯，快步如飛），很快就要抓到了，窮子內心非常慌張，不小心被一塊石頭絆倒了，人就昏了過去。這個時候，大富長者在後面遠遠就看到了，心裡就明白了：「他一定是多年不在父親的教育之下，自己認為卑賤，被這種豪門大宅的氣勢震住了，心太弱小了。現在請他回來，可能不是時候，現在叫他來，他也來不了（因為他心裡面害怕）。」就跟那兩個人講：「用涼水把他弄醒，放他走。」窮子醒來，一邊跑一邊想：「終於揀回一條命。」

　　這位父親當然不會放棄兒子，又想了一個辦法，他派兩個人，這兩個人就不像當初兩個人那樣威武有力、穿戴整齊、相貌堂堂，因那樣的人跟他在一起，他會覺得自慚形穢，兒子會想「我怎麼能跟這種人在一起？」所以，又派兩個人，衣服穿得也很一般，像一般的勞動者，面貌也很普通，去跟他結交朋友。結了朋友後就無話不聊了，說來說去，「怎麼樣啊，在那裡做事啊？」「我很可憐啊，東遊西蕩的。」「哎！我們也是打工的，不過，這附近有一家，很好的差事，那裡工資比別的地方還要高一倍，雙份工資，只

要你老實肯做，老闆非常慈悲，正好缺一個做工的人。」「缺什麼？」「除糞的。」窮子想：「除糞這工作我還可以做，符合我的身分。」就向他們兩個人說：「可以！」這樣，兩個人就把他帶回來了。帶回來不敢從前門，還從後門走進來，給他分配工作（就是除大糞），然後有一個工棚給他住著。他就很安心、很滿足了。這就好多了，不用到處流浪，今天這裡找事，明天那裡找事，終於有一份穩定的工作了。於是，每天很勤勞地除糞。父親坐在房間裡，隔著窗戶看著兒子，心裡邊感到悲傷而落淚，心想：「我的兒子，你為何要做這樣的工作？本來所有的莊園都是你的，但是現在你不認識我這個父親，你不敢相見，不敢相認，父子面對面都不敢相認。」父親雖然知道，可兒子不知道啊，所以，父親又想：「我得想辦法，慢慢建立感情，慢慢透露身分。」怎麼辦呢？

父親有一天也把他高貴的衣服脫下來，穿上勞動者的服裝，也拿著除糞的工具，來跟他一起工作，在一起工作，一天、兩天，……慢慢地就比較熟一點了，窮子就覺得：「這個老頭很慈悲，對我還挺不錯。」大富長者就跟他慢慢工作，慢慢聊天，「你家住哪裡？父母是何人啊？」最後跟他講：「你呀，真的不錯，我看你工作很勤奮，人很老實，老實跟你講，我就是莊園主。」「啊！你就是莊園主！」由於經常在一起工作，也不至於那麼陌生了，窮子心裡也有一點自信了：「我很受莊園主看得起。」覺得自己身分也比較尊貴一點了。大富長者說：「某某，這樣子，我也年

老了，底下沒有我可以信任的人，不妨你就做我的乾兒子好了。」你看，親兒子還要講乾兒子！可見得這位父親心裡是多麼不好受啊。因為不能講親兒子啊，講親兒子，他會說「我那有這樣的父親？」他會被嚇跑的。「你給我做乾兒子好了，現在，賬目、財產我都交給你來管。」這個兒子通過在一起工作這麼多年，他的工作能力、生產技藝也都提高了，內心也不像當初那麼特別狹小了，說：「好。」就接受下來。於是，他就管賬目、管田地、管收入、管支出，算盤打來打去的。父親的心很明顯：這所有的家產都是你的了，叫你掌管。但是不能講出來；兒子的心呢？他不知道，窮子心想：「我每天打算盤，算的是主人的，是他的；我自己的所得是一天一天的工資，這是我所得的。」所以，他也很勤奮地工作，絲毫也不敢想什麼，認為「我就這樣工作好了」，感到很滿意，「莊園主對我不錯，也很好」。

這樣又經過一段時候，他在各方面的能力提高了很多，很有能力了。當然，兩個人相處時間一長，相互很熟悉了，不再害怕了，能力、志向、膽略也都增高了。大富長者想：「現在告訴他，可能時間已經成熟了，我得想辦法把身分暴露出來，要父子相認了。」有一天，他就把所有有地位、有道德的人，把國王、大臣都請來，要告訴大家一件好事情。大家來了之後，他就說：「各位長者，各位尊貴的朋友，今天請你們來，不為別的事，正有一件事情。我某某人，大家知道，在多年前，我和我的獨生兒子散失，這麼多年

來，我一直在辛勤地尋找他⋯⋯」然後說他在什麼時候見到兒子，
怎樣讓他做工作，然後怎樣怎樣⋯⋯旁邊這個窮子一聽，心想：
「怎麼好像是在講我嗎？」他就回憶起來了，怎麼怎麼回事。大富
長者最後說：「跟各位老實講，現在我就正式宣布，這一位就是我
失散多年的兒子，我現在把所有的財產都委付給他，你們各位可以
證明。」這個兒子聽到這裡，才恍然明白。所以，經中就講：「我
本無心，有所希求；今此寶藏，自然而至。⋯⋯我等昔來我我真是
佛子。」經文意思是說：我根本就沒有指望有這麼多的財產，而現
在一剎那之間都為我所擁有，我今天才知道，我真是佛的兒子。

　　這個比喻是佛陀為阿羅漢根性的人講的。如果在淨土門裡邊，
那也是非常貼切的。所謂大富長者，就是彌陀；所謂窮子，就是我
等眾生，遠劫以來，輪轉六道，迷背佛性，就等於是離開父母，在
外邊流浪。彌陀是佛當然知道我們眾生，可是眾生不認識這尊佛就
是我們的慈父，所以，佛陀要用種種的方便，一開始對你說：「念
佛一定能回鄉。」很多人不相信，「那有那麼簡單，那有那麼容
易，那有這樣的法門，我想不可能的。」他就跑，就嚇昏了，說：
「你講的肯定不對，你講的肯定不是佛法！」對於這樣的根性，要
漸漸調服，跟他講什麼呢？講除糞，教他除糞。除糞的意思，就是
通過自己的勞動，把汙穢的地方打掃乾淨，那就說要修行種種的法
門，將汙穢的心打掃成為清淨心，解除煩惱的塵垢⋯⋯如何如何地
修，給你講了種種聖道的修行方法，慢慢地調練你。因而佛陀代彌

陀來到人間，誕生在印度，來告訴你，慢慢跟你講，慢慢讓你修行。這樣慢慢修了，你的膽子也大了，心也壯了，心想：「我不想光求人天福報（短暫的相對幸福）了，我要求回鄉（永遠的絕對幸福）了！」這個時候，佛就給你講：「對，應該求回鄉（絕對幸福）！」就像引導你入了門之後，把鑰匙交給你，把財產交給你掌管，那等於教你來念佛了。你還以為：「我念南無阿彌陀佛……，我念這麼多佛，名號的功德是彌陀的，我每天念了兩萬遍，或者做了其他事，這一點功德是我的。」你不知道，彌陀把六字名號功德給你，當下所有的功德就是你的了，你念名號，就得到六字名號的功德。可是你不知道，你以為就是做出納算帳，這一份工資才是你的，「每天念兩萬遍，迴向一下，這兩萬遍的遍數是我的；名號本身功德呢，那是彌陀的。」這就是誤解了。彌陀說：「眾生啊！這六字名號的功德，是我無量劫來所修行，是專門為你修的，就交託給你。」「我所有功德在此都交託給你了，你一向稱念南無阿彌陀佛，決定回鄉，功德不少啊！」所以，念佛之外是少善根福德因緣，你念佛之外所有的修行就是那個除糞啊，你除糞能得多少錢啊？哪比得上這所有一切華麗的莊園、巨大的財產全部屬於你？這都在六字名號裡邊！所以付囑給我們眾生，這就是念佛法門的尊貴。那我們的心情，也正像當時法華會那位弟子所說：「我本無心，有所希求；今此寶藏，自然而至。」「我等昔來真是佛子。」也就是說：「我也是沒有心啊，沒想到我回鄉一定啊，像我這樣的

人還能回鄉？本來沒敢想過，但是，無量寶藏，自然而至！」噢！原來一向專稱「南無阿彌陀佛」，所有功德賜予凡夫眾生，自然而然的，不修行而擁有大功德，不斷煩惱而可以成就佛道，這就是六字名號。所以叫：無量寶藏，自然而至，而今乃知，真是佛子，到了今天心裡才明白：「我真是彌陀的親生兒子，決定要回到極樂故鄉，去和彌陀大慈悲父相見了。」我們很多人念佛，跟彌陀的關係非常疏遠，非常不親近，這是我們自己的心跟彌陀隔開了。你念佛，懂得佛的慈悲，把這一層就打開了。我們就一向專稱南無阿彌陀佛，決定回鄉！

在「窮子喻」當中，父親把那麼多的國王、大臣、長者都請來開會，《阿彌陀經》的意思就是這樣，你看六方諸佛都出廣長舌相，來給你證明了，就是這個道理。「我今天講一向專念佛號必定可回鄉，你看，大家都來證明。」道理就是如此，六方諸佛說：「我等都證明，決定不錯。某某，彌陀將六字名號賦予你，若一向稱念彌陀名號，決定回鄉！」這是同樣的道理。[218]此喻中窮子從四處流浪到接受除糞的工作，再接管帳，當乾兒子，最後父子相認，繼承家產，猶如在比喻先從聖道門入淨土門，再經由第十九願、第二十願，最後進入第十八願的過程。所以佛法中不但有聖道門與淨土門兩種法門，而且四十八願中有第十八、十九、二十願等三願，

---

218 此喻出自《妙法蓮華經》。參考淨土宗編輯部，《淨土宗妙喻》，中華淨土宗協會。

以方便引導眾生進入真實。其中道理為何？《無量壽經》云：「若人無善本，不得聞此經，清淨有戒者，乃獲聞正法。曾更見世尊，則能信此事，謙敬聞奉行，踴躍大歡喜。」意思是說，如果人沒有聽過或稱過彌陀名號，這樣的宿世深厚的善根福德（善本），今生就不能聞到此經（指《無量壽經》）；又除非前世曾經奉持清淨戒律乃至布施、忍辱等，那麼今生才能聞信這句彌陀名號。宿世曾經拜見過諸佛世尊，蒙諸佛教化的人，今生方能信受彌陀本願和念佛回極樂故鄉之事，並以謙卑恭敬之心，聞此正法，信受奉行，身心踴躍，生起大歡喜心。

第九章　永恆的幸福

HAPPINESS A

為什麼回極樂故鄉的人所獲得的是永恆的幸福？

何以佛陀對極樂故鄉的一切能作如此鉅細靡遺的描述呢？

回到極樂故鄉的人會一直留在家鄉享福嗎？

美妙無比的永福故鄉

佛陀在淨土三經裡詳細地描述了極樂故鄉的情形:「極樂故鄉沒有生老病死等任何苦惱,享受著無邊的法喜法樂(無有眾苦,但受諸樂)。彌陀以及故鄉的人之壽命,永恆無量,涅槃常住。諸上善人聚會一處。念佛者一旦回鄉,就能由凡夫直接超越到等覺菩薩,而頓時進入一生補處,必得清淨安穩,微妙快樂,並且速成佛道,永遠獲得涅槃之大樂、最勝之樂。[219]回鄉的念佛人所擁有的一切萬物,皆悉莊嚴清淨、光華四溢,其造型結構、顏色、光相優美殊勝,奇特精巧,窮微極妙,無法稱說、不可思量。極樂故鄉清淨無垢,猶如明鏡,隨處皆可照見十方無量無數不可思議諸佛世界。沒有春夏秋冬四季更替,氣候不寒不熱,總是溫和舒適。從地面以上,直至虛空,宮殿、樓閣、水流、花樹等國土中一切萬物,都用無量種類的珍寶和妙香合成,裝飾得非常奇妙,超勝諸天。

△諸上善人

回鄉者因蒙受彌陀的威神加持,可在一頓飯的時間內分身前往十方無量世界,禮拜供養諸佛。隨著自己的心念,鮮花、寶蓋、妙香、音樂、衣服、幢幡以及其他無數無量的供養品具自然化現,應

---

219 《佛說無量壽經》第十一願云:「設我得佛,國中人、天不住定聚,必至滅度者,不取正覺。」善導大師說:「念佛即是涅槃門。」

念即至。為了在十方諸佛面前顯現供佛之德，所需一切供養之具能令其隨心如意。每天清晨端持妙軟花具，盛接種種妙花，遍至他方國土，供養十萬億諸佛；午前即返本國用齋，飯後經行於寶林金道。智慧辯才無法限量，能以佛一切種智自在演說諸法。為他人演說，辯才無礙。回鄉的念佛人，常常在適合的地方講述正法，說法都能契合彌陀的智慧，不會違背佛意，也不會有任何過失。隨其心念想見十方無量莊嚴清淨佛土，當下就能如其所願，在寶樹間全部照見，就像對鏡照見自己的面相一樣。想要聽聞某種經法，隨意所願，自然得聞。回鄉的念佛人，具足六種神通成就，同佛身相，為金剛那羅延身，悉皆紫磨金色，既非天身，亦非人身，皆是從蓮花中受生的自然虛無之身、無極之體，身具清淨之色，口具微妙聲音，音具神通之德。身心柔軟，超過天人。壽命無能限量，除其願力（為度眾生而現身十方），壽命長短即能隨意自在。沒有不善事，乃至聽不到不善之名。所居住的宮殿、所享用的衣服飲食，以及花香、幢幡等等莊嚴器具之美好，以這個世界來說，就像欲界第六天的自然之物一樣，皆能受用自在。若想吃飯，七寶缽器自然擺放在面前：金缽、銀缽、琉璃缽、硨磲缽、瑪瑙缽、珊瑚缽、琥珀缽、明月摩尼缽、真珠缽等隨念而至，百味飲食自然盛滿其中。雖有這些美食，實際上並不需要吃，只消見其色、聞其香，以意為食，就自然飽足。回鄉者身心柔軟安閒，不會貪著美味。用餐完畢，缽器與飲食自然消失，再想吃飯時又自然出現。極樂故鄉清淨

無染、常住不變，其樂微妙難思，如涅槃之樂。回鄉的念佛人都一樣高明，神通也一樣洞達，外相全一樣莊嚴，沒有美醜差別。妙花、寶香、瓔珞、衣服、飲食、繒蓋、幢幡、微妙音聲，以及居所宅舍、樓閣、宮殿等等，無不符合其形貌而變大變小、變高變低。或一種珍寶，或兩種珍寶，乃至無量珍寶，隨意所願，隨應心念來到眼前。凡是回鄉的念佛人，皆當究竟獲得一生補處之位，必定證悟佛道，除非他曾經有發過本願，要以弘誓功德莊嚴己身，到他方世界普遍度脫一切眾生。當彌陀為大眾宣說佛法時，大眾都集合在七寶講堂。彌陀廣宣無上覺道，暢說微妙經法，會眾聞法皆大歡喜，心開意解，契會真常。此時，四方自然微風徐起，吹拂七寶行樹，奏出美妙的音樂。無量妙花隨風四散，如此連續不斷地自然供養佛與聖眾。一切諸天也都從天上帶來百千種妙花寶香，奏起萬種音樂，供養彌陀及菩薩、聲聞大眾。當此之時，快樂之情難以形容。

△黃金大地

故鄉的大地，由金、銀、硨磲、瑪瑙、琉璃、珊瑚、琥珀等七寶自然合成，寬闊廣大，沒有邊際。黃金地上，鋪設著眾寶合成的妙衣，一切聖眾踏之而行。種種寶物間雜交錯，轉相嵌入，光輝顯赫，明亮閃爍，微妙奇麗，清淨莊嚴，超勝十方一切世界，是眾寶中的精華。地上布列重重欄杆、重重羅網、行行寶樹，重重圍繞，

無盡莊嚴。

△美妙景色

　　故鄉沒有須彌山、鐵圍山等一切諸山阻隔，也沒有大海、小海、溝渠、水井、河谷等一切凹陷危險；但是當想看時，美妙無比的山水景色，便在佛力加持之下，即時顯現在眼前。

△七寶建築

　　故鄉的講堂、精舍、宮殿、樓觀，都是由七寶自然化成的，上面還覆蓋著由珍珠、明月摩尼等眾寶交絡而成的寶網。

△寶池

　　講堂、精舍、宮殿、樓觀的內外左右，有很多水池，大小或十由旬，或二十、三十由旬，乃至百千由旬，其長寬深淺都恰如其分。其中湛然充滿著八功德水，清淨香潔，味如甘露。水池是由七寶構成的，黃金池以白銀為底沙，白銀池以黃金為底沙，水晶池以琉璃為底沙，琉璃池以水晶為底沙，珊瑚池以琥珀為底沙，琥珀池以珊瑚為底沙，硨磲池以瑪瑙為底沙，瑪瑙池以硨磲為底沙，白玉池以紫金為底沙，紫金池以白玉為底沙。或有水池以二寶、三寶乃至七寶轉共合成，亦有相應底沙。如果進入寶池，心想讓水沒過腳，水就自然沒過腳；想要水過膝，水就自然過膝；想要水齊腰，

水就自然齊腰；想要水到頸，水就自然到頸；想要水淋浴全身，水就自然淋浴全身；想要水恢復原狀，水就恢復原狀。調適平和，冷暖自在，無不隨意，開悟心神；愉悅身體，煩惱頓然蕩除。水波流動，宣演出無量自然妙聲，能使極樂聖眾各隨心願，聽到與之相應的法音。或聞佛聲，或聞法聲，或聞僧聲，或聞寂靜止息之聲，或聞性空無我之聲，或聞大慈大悲之聲，或聞波羅蜜多之聲，或聞佛十力、四無畏、十八不共法之聲，或聞種種神通智慧之聲，或聞無作無為之聲，或聞不生不滅涅槃之聲，或聞無生法忍之聲，乃至甘露灌頂眾妙法聲。這種種法音，皆順其所好，令聞者心生無量歡喜，從而隨順清淨、離欲、寂滅、真實等究竟義理，隨順佛法僧三寶，隨順十力、四無畏、十八不共法等佛果之德，隨順神通智慧等菩薩、聲聞所行聖者之道。

△光彩之花

　　故鄉七寶池中，青蓮花、紅蓮花、黃蓮花、白蓮花流光異彩，遍覆水上。蓮花處處盛開，遍滿世界。每一朵寶蓮都有百千億片花瓣，並散發出光明，呈現無量種色。青色發出青光，白色發出白光，黑色、黃色、紅色、紫色，各各明亮顯耀，光輝燦爛，勝過日月之光。——蓮花，放出三十六百千億光明；——光明，現出三十六百千億尊佛，佛身皆是紫磨金色，相好殊妙莊嚴；——佛身，又放百千光明，普為十方演說妙法。如此諸佛，各各安立無量眾生在

成佛的正道上。又故鄉隨其時分，曼陀羅花如雨飄落，香光莊嚴，適悅眾心。

△微妙虛空

故鄉的虛空中，遍布無數寶網。這些寶網都是用金絲線編織而成，又用珍珠等百千雜寶交相裝飾，奇特微妙，珍貴稀有。寶網四邊垂掛著寶鈴，光色明亮閃耀，極為莊嚴美麗。

△寶樹

故鄉得見高四百萬里、光耀無比的道場樹，樹幹周圍五千由旬，枝葉四方展開二十萬里，皆由眾寶自然合成，又用月光摩尼、持海輪寶等等眾寶之王加以裝飾。在枝條之間，垂掛環繞著眾寶瓔珞；百千萬種顏色，千變萬化，無量光明，照耀無量無數的國土。又有珍妙寶網，籠罩在道場樹之上，種種莊嚴，隨著眾生的心意而顯現。微風徐動，吹拂七寶行樹及道場樹，發出美妙音聲，演暢無量妙法，讚歎彌陀的尊號。那美妙的法音廣泛流傳，遍布十方一切佛國。種種寶樹是紫金的根、白銀的莖、琉璃的枝、水精的條、珊瑚的葉、瑪瑙的花、硨磲的果，諸如此類。所有寶樹形成的寶林，行行排列整齊，距離相等；莖莖相對相望，互為襯托；枝枝平整齊一，對稱有序；葉葉彼此相向，無有雜亂；花花相順互應，美妙莊嚴；果果大小相當，一一對等，依次呈現出協調規律之相。繁茂的

景象，輝亮閃耀，燦爛光潔，永遠不會衰減黯淡；寶光明色交錯，相互映照，無法用眼識探究種種光曜色澤的微妙，令人目不暇給，美不勝收。

這些樹都長著七寶葉與花，每片葉與花都有種種寶色。色彩與光彩交錯，青琉璃色發出黃金光，白玻璃色發出紅光，紅瑪瑙發出硨磲的光，硨磲色發出綠色真珠的光，而且都用丹紅珊瑚、黃琥珀以及其他一切寶珠裝飾著。仰看樹梢上，每一棵樹上都覆蓋著裝有妙真珠的網，網有七重。網與網之間，陳列著如大梵天王宮殿一般的五百億妙花宮殿。裡面有天人的童子，他們都陶醉在自然的快樂之中。每一個童子身上都佩帶五百億釋迦毗楞伽摩尼寶瓔珞，而每一粒摩尼寶的光彩都能照到百由旬的遠方，恰如百億日月聚合起來，無法描述。其他還有眾多的珠寶互相交錯，琳琅滿目，展現著最燦爛的色彩。

回頭來看寶樹，一行一行排列整齊互相面對著，一葉挨一葉也不互相重疊。葉子與葉子之間，開著美妙無比的花，花上很自然的結有七寶果實。再看樹葉，每一葉子長寬都相等，都有二十五由旬那麼大的面積。葉子都以千種顏色裝飾，有百種圖樣，就像天上的瓔珞一樣。還有各色各樣的花，色與光如閻浮檀金，形如旋火輪，宛轉展現在樹葉之間。從花上自然結出的果實，就像帝釋天的寶瓶，具有不可思議力量，能隨應回鄉者的希望，生出任何東西來。從果實上放出的大光明化成幢幡，又變成無數的寶蓋；寶蓋之中映

現三千大千世界的一切佛事，十方佛國也顯現在其中。樓觀的內外左右，有很多水池，池邊岸上有栴檀樹，花葉低垂，倒映水中，香氣芬馥，普熏大地。還有，微風吹動，七寶樹花紛紛飄散，鋪滿故鄉大地，不同顏色依次排列，絲毫不亂。花瓣柔軟，光色潤澤，芳香沁人。故鄉之人腳踏滿地香花，自然陷下四寸；腳一抬起，又恢復如初。當這些花用過之後，地上就出現裂紋，依序把花吸入地下，地面清淨得不留一片花瓣。隨下一個雨花時節到來，風吹七寶樹，眾花散落，如此周而復始，晝夜六時各有一次。

△自然德風

自然德風徐徐而起，微微吹動，調和適中，不寒不熱，溫涼柔軟，不急不慢。吹動寶網和寶樹，發出無量微妙法音，流布萬種溫和清雅的德香，四處飄散。聞此妙音、熏此德香之人，塵勞與惡習自然不再生起。當微風掠遍身體，快樂無比，就像羅漢進入滅盡定一樣。

△妙音

故鄉樓閣中有無數天人，演奏著美妙的音樂。另有樂器懸在虛空，像兜率天宮的寶幢神樂器一樣，不加彈打自然的發出妙音。一切音樂，都在講說念佛、念法、念僧的道理。故鄉風聲、樹聲也都宣說妙法。每當微風徐起，寶樹、羅網依次拂動，枝葉相觸，眾寶

相扣，猶如千百種樂器齊奏，微妙相和。人們聽到這些微妙音聲，一切心垢自然蕩除，油然生起感念佛法僧三寶恩德的心。故鄉除了清風時時吹來，輕拂寶樹，枝葉相觸，奏出悅耳的樂音，旋律微妙，自然相應相和，還有自然奏起的萬種音樂，不僅音聲美妙，而且無一不在宣說佛法。這些法音清暢哀亮，微妙和雅，於十方世界音聲之中最為美妙，堪稱第一。另外，故鄉的八個寶池，水是從池中的如意寶珠流出來的。從如意寶珠流出的摩尼寶水，又自然的流注在花與花之間，沿著樹幹上下流轉。流水發出微妙的音樂之聲，演說苦、空、無常、無我及大乘六波羅蜜等菩薩的修行，又有讚歎諸佛相好之聲。

△奇妙之鳥

故鄉沒有地獄、餓鬼、畜生三惡道，但隨處可見種種色澤絢麗的奇妙之鳥：白鶴、孔雀、鸚鵡、舍利、迦陵頻伽、共命之鳥等。這些鳥都是彌陀為了讓法音宣揚流布，特以佛力變化而成。這些吉祥寶鳥，恆常不息地各出和雅妙音，流暢地演說五根、五力、七菩提分、八聖道分等種種妙理。眾生聽到這種妙音說法，自然都深深地感念佛法僧三寶的恩德。故鄉八個寶池水的源頭，即池中的如意珠王，會湧出金色的微妙光明，此光明又變化成百寶色的鳥，發出宛轉優雅的聲音，不斷的讚歎念佛、念法、念僧的功德，令聞者自

然生出念佛、念法、念僧之心。」[220]

乘願再來

依彌陀本願力回鄉之人，即入等覺菩薩位，然後倒駕慈航，利益有情眾生。《無量壽佛經》第二十二願云：「設我得佛，他方佛土，諸菩薩眾，來生我國，究竟必至一生補處；除其本願，自在所化。為眾生故，披弘誓鎧，積累德本，度脫一切。遊諸佛國，修菩薩行，供養十方諸佛如來。開化恆沙無量眾生，使立無上正真之道。超出常倫諸地之行，現前修習普賢之德。若不爾者，不取正覺。」願文意指：「我將來成佛時，十方世界（極樂故鄉以外的世界）之眾生，生到我國中來，必定入一生補處位（即候補佛位，等覺菩薩）。但來生者，除非其有特別發願以菩薩身自在教化眾生，而披上弘誓鎧甲，積累善根功德，救度一切眾生者，或參詣諸佛國，或供養十方諸佛，或開導教化無數眾生，使能發起求道之心者，隨其所願，未必要入一生補處之位。取要言之，來生淨土之人，皆超於平常之類（聖道法門逐地升進的常規），不用歷經十地階次，圓滿十地菩薩之行。又倒駕慈航於十方世界教化眾生，使其行普賢大慈之德無缺。如果不能實現，我就不取正覺。」[221]

---

[220] 柏原祐義著，慧淨法師校訂，《淨土三部經講話》。
[221] 同前註。

　　此第二十二願有三個願名：（一）必至一生補處願。（二）一生補處願。（三）還相迴向願。願文的前面是一生補處願，而後文從「除其本願」至「使立無上正真之道」是還相迴向之願；又「超出常倫」以下是結合兩願事之言。迴向有兩種：往相迴向與還相迴向，迴向是指彌陀將功德結晶之六字名號施予眾生，也可以說是彌陀將自己所得之功德回轉方向，施予眾生。第十八願是往相迴向願；第二十二願為還相迴向之願。還相迴向就是一旦回鄉之人，再回人間，救度眾生之大用；信受彌陀之稱念名號之行，得以回極樂故鄉，乃是全依彌陀的往相迴向；又一旦回鄉之人，再回人間救度眾生，也是依彌陀的還相迴向。換言之，二種迴向在闡明彌陀的他力迴向與救度眾生的方法，往相迴向是回極樂故鄉之相狀，指眾生因聞法而一向專稱六字名號，而回鄉證得大涅槃；還相迴向則是指還來人間之相狀，也就是說回極樂故鄉後，證得大涅槃之人再回到人間，遊煩惱林現神通，以教化、引導眾生回極樂故鄉，此乃彌陀施予證得佛果之人，回到人間的利他能力，這便是還相迴向。

第十章　幸福的Q&A

假設覺喬閱讀本書後，提出一些問題，
向宗光請教，宗光逐一詳細地回答。

請問何以在本書中引用許多善導大師的法語呢？

因為善導大師是有法脈傳承的，係傳承自佛陀、龍樹菩薩、天親菩薩、曇鸞大師和道綽禪師等而來，為淨土宗的祖師。大師念佛「口出光明，神異無比」，後人亦尊稱大師為「光明和尚」。日本淨土真宗祖師親鸞，諡號「見真大師」〈正信偈〉云：「善導獨明佛正意。」又由於善導大師是彌陀化身，其所說應當作佛所說。茲列舉有關的證文如下：

一、北宋慈雲大師《西方略傳》言：「善導和尚是彌陀化身。」

二、北宋時期，擇瑛大師寫了一本《淨土修證儀》，裡面同樣提到善導大師是彌陀化身。

三、日本淨土宗祖師法然上人於《選擇本願念佛集》言：「大唐相傳云，善導是彌陀化身也。」

四、用欽大師也是宋朝的一位大師，其有許多著作，其中有一本《白蓮記》，裡面也談到「善導和尚是彌陀化身。」

五、明朝蓮池大師《往生集》言：「善導和尚，世傳彌陀化身。」

六、民國印光大師《文鈔》言：「善導和尚，係（系）彌陀化身，有大神通，有大智慧。」又以偈讚言：「世傳師是彌陀現，提倡念佛義周贍。切誡學者須撝謙，兼使極力生欣厭。解宜遍通一切法，行擇機理雙契幹。念佛出光勵會眾，所說當作佛說看。」

請問念佛有四字念法與六字念法，那麼我們應該怎樣念才好？

從義理的角度來講，「南無」是必須有的，有功能的。比如《觀無量壽經》下品上生、下品下生回鄉者，都是稱「南無阿彌陀佛」，沒說稱「阿彌陀佛」，所以六字是完整的。根據善導大師的解釋，「南無」有「歸命，亦是發願回向」之意，這是能歸，即信願；「阿彌陀佛」是所歸，即其行。能歸所歸一體，由於名號本身已具足無上功德，因而回鄉一定，所以說「言阿彌陀佛者，即是其行，以斯義故，必得往生」。

若依印光大師的開示，念佛以念六字名號為宜，或先念六字，到快結束前可念四字，大師說：「念佛宜念六字。或先念六字，至將畢則念四字。始終念四字，頗不宜。以南無二字，即皈依、恭敬、頂禮、度我等義。人每圖快圖多，故多有念四字者。常聞有人主張專修之益，只令人念四字，發願禮佛，皆雲不必，則完全一門外漢。只知自己做功夫，不知求佛慈悲力。」[222]

請問修習無上深妙禪是否為雜行雜修？

修習無上深妙禪是專修念佛，而不是雜行雜修。依據《大集經》所說：「若人但念阿彌陀佛，是名無上深妙禪。」所以一向專稱彌陀名號就是修習無上深妙禪。按照善導大師所講的五正行中第

---

222 印光大師撰，〈復陳飛青居士書四〉，《印光法師文鈔》。

四之稱名念佛,由於一向專稱彌陀佛名屬於「稱名正行」,即「正定業」,因而百分之百回鄉。

我們要獲得信心決定,須透由聽聞,因此好的善知識很重要。請問如何選擇善知識?

我們欲獲得成就,親近善知識相當重要。如《華嚴經》所說:「一切菩薩成就佛法,皆由善知識力,以善知識而為根本。」如何選擇善知識呢?就聖道門而言,善知識須具備德增、戒、定、慧的德行與慈悲心,說法以佛法為中心,追求後世增上。以淨土門來講,理想的善知識是一向專念名號、通達淨土教理,並具慈悲心者;最起碼的善知識為能教導人一心一向歸命阿彌陀佛(一向專念彌陀佛名),其說法以佛願生起本末與名號功德為中心,追求絕對幸福者。依據佛陀的「四依法」中,包括有「依法不依人」的教誡,何以不能依人呢?因為法是性德、是圓滿的,如來已證得究竟極果,從圓滿果德當中流露出來的。人修得再怎麼好,性德仍未能全彰。佛陀在世以音聲為教體,佛涅槃之後,弟子們將佛陀所說一切法集結,把它記錄下來寫成經典,經典是佛從性德裡面流露出來的,換言之,我們依經典就是依性德,我們要明白佛的意思,一定要記住佛的話,依法不依人,因法就是經典,要以經典為依據,對經典要深信不疑。經典裡面所說的這些理論、方法、境界,我們要深信不疑,依教修行。現在有許多人不依經典、批評經典、誹謗經

典，甚至還要改造經典，我們要認清楚。[223]因此，淨土行者，應判斷說法者所講說的內容是否有淨土三經、菩薩及祖師論著的依據。[224]

平常沒有特別的攝心念佛，心中也沒有特別的憶念佛，臨終的時候，能不能回極樂故鄉？

只要是一向專稱名號，願回極樂故鄉，就能回鄉。至於要怎麼樣攝心念佛，是另外的一個問題。當好不容易有一個鐘頭可以來念佛，可是若在這一個鐘頭當中因為妄想雜念很多，不能完全專心的在這一句名號上，就會感到一些遺憾，因為很希望能夠清清楚楚的、了了分明的，念念都是在這一句名號上，如果是這樣的話，就可以進一步講究「攝心念佛」。有關「攝心念佛」，可以參考印光大師所講述的「十念記數法」，雖然有這些攝心念佛的方法，但要瞭解，彌陀的救度並無這些條件。

請問修習淨土法門依第十八願，靠本願力回鄉之念佛人，可否再學習聖道法門呢？

依據因果的道理，仗本願力回鄉之念佛人學習聖道法門之善行、善法和持咒，如果其目的是為了自利利他，沒有行諸善修功德

---

223 淨空法師講述，〈守住佛的四依法〉，《佛弟子文庫》，2012年6月17日。

224 菩薩及祖師論著是指龍樹菩薩、天親菩薩、曇鸞大師、道綽禪師、善導大師、法然上人與印光大師等高僧的論著。

以助回極樂故鄉之心，不改其依第十八願信受佛力，一向專稱名號，則可以透由修習善行與善法，以增進今生的幸福。

請問有些人修習淨土法門，一向專稱六字名號已好幾年，但後來改修其他法門或甚至改變信仰，如此之人是否可依本願力回鄉？為什麼他會有如此改變呢？

善導大師在《觀經疏》裡有一個非常著名的「二河白道喻」（如圖7），係為了防止念佛的人受到外邪異見之影響，不再一向專稱名號，用此喻來守護念佛人的信心，大師比喻說：「有人想向西行百千里，忽然中途見有二河，一是火河在南邊；二是水河在北邊，二河各寬百步，各深無底，南北無有邊際，正水火二河中間有一白道，寬約四五寸，此道從東岸至西岸，長有百步，水河的波浪澆濕了白道，火河的火焰亦來燒道，水火相交常無間斷。此人到此空曠處，更無人物，多有群賊惡獸，因見此人單獨，競相而來想追殺此人，此人恐被殺直走向西，因值此大河，即自言自語說：『此河南北不見邊際，中間見一白道，極為狹窄，二岸相隔雖近，還是極為危險，難以行走，因此今日定死無疑。』此時正遇群賊惡獸漸漸來逼，原本想南北避走，但惡獸毒蟲競相追來，所以只好向西尋白道而去，但又恐墮入水火二河，當時驚慌恐怖難以形容，即心想：『我今回亦死，停住亦死，向前去亦死，既然不免一死，我寧尋此道向前而去，既有此白道，必應可度脫。』當作此念時，東岸

忽然聽到有人勸聲：『仁者但決定尋此道行，必無死難，若住即死。』又西岸上有人招喚聲：『汝一心正念直來，我能護汝；眾不畏墮於水火之難。』此人既然聽到此發遣彼招喚，頓時不生疑怯退心，腳步更穩更快了，剛走了一小段，東岸群賊等呼喚說：『仁者啊！你回來吧！我們沒有要害你的意思。這條道很險惡，你走下去必死無疑！』此人雖然聽到此呼喚聲，頭也不回，一心直進循著白道而行。不一會兒就到達西岸，永遠脫離諸苦難，善友們早已在岸邊等候多時，大家相聚，歡樂慶祝，歡喜不已。此喻中，東岸者喻此娑婆之火宅。西岸者即喻極樂寶國。群賊惡獸詐親者即喻眾生六根六識六塵五陰四大。無人空曠處即喻常隨惡友不值真善知識。水火二河者即喻眾生貪愛如水瞋憎如火。中間白道四五寸者，即喻眾生貪瞋煩惱中，能生清淨願回鄉之心，乃由貪瞋強盛故，即喻如水火；善心微弱故，喻如白道。又水波常濕道者，即喻貪愛心常起，能染汙善心。又火焰常燒道者，即喻瞋嫌之心能燒功德之法財。人行白道上直向西者即喻迴向諸行業直向西方。東岸聞人聲勸遣尋道直西進者，即喻佛陀入滅後雖人不見，由有教法可尋，即喻之如聲也。走一小段路群賊等喚回者，即喻別解別行惡見人等妄說見解迭相惑亂，及自造罪而退失。西岸上有人喚者，即喻彌陀願意。不一會兒到西岸善友相見喜者，即喻眾生久沈生死，曠劫輪迴迷倒自纏，無由解脫，仰蒙佛陀發遣指向西方，又藉彌陀悲心招喚，今信順二尊佛之意，不顧水火二河，念念無遺，乘彌陀大悲願力之道。

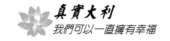

捨命之後得以蓮花化生極樂故鄉，面見彌陀，極為慶喜。」[225]

此諭佛陀在東岸（人間）發遣；彌陀在西岸（極樂故鄉）招喚。彌陀在西岸招喚的「汝一心正念直來，我能護汝；眾不畏墮於水火之難。」，主要在解釋第十八願。善導大師認為：「汝」指十方眾生；「一心」即至心信樂；「正念」指乃至十念；「直來」即欲生我國；「我」為設我得佛；「能護汝」指若不生者，不取正覺。所以「我能護汝」意指我若不能令你回鄉，則誓不成佛，如今我已成佛，靠我的無量無邊不可思議的功德名號來保護你，靠我的光明力來保護你，靠我的大誓願力來保護你，你不用害怕！再來，「眾不畏墮於水火之難」，這是解釋「唯除五逆，誹謗正法」。（如表1）第十八願是要救度哪種人呢？是救度充滿了貪（水）瞋（火）煩惱（墮難）的眾生。「正念」，是《無量壽經》彌陀第十八願所言的「乃至十念」，是佛陀在《觀無量壽經》所言的「持無量壽佛名」，也是《阿彌陀經》六方如來舒舌證的「說誠實言」。簡單來說，就是「一向專稱名號得回鄉」。在回極樂故鄉的心相和行法上，除了念佛之外，應不受任何外來的雜緣，包括雜業、雜緣等的干擾。縱使見到他是大善人，有大修行，有大功德，我雖禮敬，唯無怯退「一向專稱名號得回鄉」的信心。無外雜緣得正念，是專修之得；雜緣動亂失正念，是雜修之失。這句佛號是彌陀的呼

---

[225] 此喻出自善導大師著，《觀經四帖疏》。

喚，同時，也是彌陀跟我們的約定，什麼約定？我們必須這樣做，不這樣做而違背約定，我們就不能回鄉。如果不走本願力的白道，肯定會掉到水火二河淹死、燒死。所以，這個約定，體現了彌陀至極的慈悲和關愛。約定有兩重含義，一個方面，對我們來講，要一向專稱佛名，因雜行雜修（如同不老實走在白道上）是很難得救；另一方面，對彌陀而言，我們只要一向專稱名號從不改變，彌陀就要照約定，因這個條約是甲乙雙方共同承擔的。我們一向專稱名號，彌陀就要遵守約定，必定令我們回極樂故鄉，因為「若不生者，不取正覺」，「如果眾生稱念我的名號，我不能使他回鄉，我就不成佛」，彌陀自己承擔了這樣的諾言。所以，盡我們的生命依第十八願專稱名號，永不改變，自然可化生故鄉。因此，若淨土行者專稱名號已多年，但後來改修其他法門或改變信仰，則無法依第十八願回鄉。如果我們能夠深信或信心決定，則對彌陀本願之信心永不動搖，就不會有中途改修其他法門或改變信仰之情形，否則容易受到異學異見人或別解別行者影響而改變。

表1　彌陀招喚與第十八願對照表

彌陀招喚	汝	一心	正念	直來	我	能護汝	眾不畏墮於水火之難
第十八願	十方眾生	至心信樂	乃至十念	欲生我國	設我得佛	若不生者，不取正覺	唯除五逆，誹謗正法

圖 7 · 二河白道圖[226]

---

[226] 慧淨法師編述，《人生之目的》，淨土宗文教基金會，2010年1月、〈二河白道圖01〉，《淨土藝術‧佛像》，中華淨土宗協會、淨土宗文教基金會。

根據《阿彌陀經》的經文說，「不可以少善根福德」、「一心不亂」和「心不顛倒」才能回極樂故鄉，請問應如何理解？

第一點，「不可以少善根福德」。意指回極樂故鄉須要多善根多福德，誰敢保證自己就是多善根多福德呢？沒有多善根多福德，就不能回鄉。這是一個大苦惱！第二點，「一心不亂」。一講到「一心不亂」，幾乎每個人都沒把握。自己整天妄念紛飛，根本達不到一心禪定，怎麼辦？達不到能不能回鄉？這也是個苦惱！第三點，「心不顛倒」。我們不知道自己哪一天生命結束，也不知道自己是什麼走法。誰敢說有把握臨終能正念？這三點，是讓我們心中最苦惱的。

其實，念佛就是多善根多福德，即使沒有其他修行，一向專稱名號，也決定回鄉；其餘都是少善根少福德，修的再多，如不念佛，不能回鄉。善導大師在《往生禮讚》裡說：「余比日自見聞：諸方道俗，解行不同，專雜有異。」大師的意思是說，他近來一段時間親眼見到，親耳聽到，大家對淨土法門的理解不一樣；理解不一樣，行持方法就不一樣，有專有雜。若有人認為單念佛是少善根少福德，要種種法門都修才是多善根多福德，若是這樣理解的，就會去雜行雜修；如果認為念佛是多善多福，就會一門深入，專修專念。又說：「但使專意作者，十即十生；修雜不至心者，千中無一。」大師親自所見到、親自所聽到的，他說，只要專修念佛的人，十個，十個回鄉，百個，百個回鄉；那麼雜行雜修的人呢？一

千個人裡邊，沒有一個回鄉。這很明顯了，專修念佛，十即十生，當然是多善多福；雜行雜修，千中無一，自然是少善少福。善導大師於《法事讚》言：「極樂無為涅槃界，隨緣雜善恐難生。」諸善萬行都是隨緣、雜善。這是隨自己的緣，而不是隨彌陀的緣，如果隨彌陀的緣，就只有念佛。依靠這些雜善很難回極樂故鄉。只有依本願力專又專的念佛才是要法，即多善根福德，此要法乃是回鄉正因。所以印光大師說：「莫訝一稱超十地，須知六字括三乘。」[227]

這句話是什麼意思呢？「莫訝」，不要驚訝。不要驚訝什麼事呢？「一稱南無阿彌陀佛，超越十地菩薩」，為什麼呢？因為三乘，聲聞、緣覺、菩薩都包含在六字名號裡邊了。阿羅漢的善根福德、辟支佛的善根福德、菩薩的善根福德，都在彌陀的六字名號裡面。所以，我們念這句佛號，才可以超越十地菩薩。我們依照經文和祖師解釋做為標準，來證明念佛是多善根多福德，其餘的種種修行跟念佛相比，屬於少善根少福德。《阿彌陀經》經文上先講：「不可以少善根福德因緣得生彼國。」但並沒有說明哪些是少善根少福德，可是下面直接說：「聞說阿彌陀佛，執持名號。」執持名號能回鄉，說明就是多善根多福德。因為少善福不能回鄉，只有多善福才能回鄉；多善福，就說到「執持名號，即得回鄉」，所以說「多善福在念佛」，三學、六度，這些都不談。這是《阿彌陀經》上下經

---

227 印光大師撰，〈楹聯〉，《印光法師文鈔》。

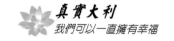

文的次第，義理如此。因此，善導大師在《觀經疏》說：「自餘眾行，雖名是善；若比念佛者，全非比較也。」

接下來，《阿彌陀經》云：「執持名號，若一日……若七日，一心不亂。」「一心不亂」四個字，是第二關，往往讓很多淨土的修學者望而生畏，望而卻步，因為許多人一心不亂，做不到，甚至最終放棄淨土法門。雖然說念佛是多善根多福德，但若說必須達到禪定一心的功夫才能回鄉的話，那麼，這樣還是不容易。其實「一心不亂」就是「行專信專」，即「不雜行雜修，一向專稱名號」。因淨土法門是「易行道」，很容易做得到。依第十八願彌陀救度的對象是所有十方眾生，不只是具有禪定一心或正定功夫者，否則就如同聖道法門，而成為難行道了。善導大師在《法事讚》用「專復專」三個字來解釋《阿彌陀經》中的「一心不亂」，他說：「故使如來選要法，教念彌陀專復專。」佛陀教我們念彌陀，怎麼念？就是「一日……七日，一心不亂」。大師將「一心不亂」顯明為「專復專」，教我們專又專地念佛，即一心、信專。以一行一心，稱為「專復專」。所以，「一心不亂」即是指「信心不動亂，一向專稱名號」的意思，而非指一心禪定。

有關「心不顛倒」，一般人的誤解也很大，誤以為自己要有能力保證命終「心不顛倒」，不然不能回鄉。這也是誤解。因為根據《阿彌陀經》的經文，命終之時「心不顛倒」是佛力保證的，是平生專修念佛，臨終佛聖自然來迎，佛一來迎，慈悲願力加持我們，

自然讓我們心中住於正念，心不顛倒，隨佛回鄉。所以接下來經文說：「是人終時，心不顛倒，即得往生阿彌陀佛極樂國土。」經文直接說，這個人命終的時候是「心不顛倒」的，沒有說還要做任何的積極努力；這也是佛來迎接加持的結果，不是自己的功夫。依據玄奘大師所翻譯的《阿彌陀經》說：「慈悲加祐，令心不亂。」「心不亂」就是「心不顛倒」。不是自己有能力心不亂，是彌陀「慈悲加祐」，使心不亂。在臨終彌陀放大光明來迎接之時，所有的業障、所有的苦惱不安，當下的心變得清涼，內心就很安樂、歡喜。所以才說：「慈悲加祐，令心不亂。」彌陀的慈悲心、彌陀的弘誓功德加持力，護祐，讓臨終之人的心能夠安定。不是自己有力量達到心不顛倒，彌陀才來迎接的。　為了消除上述三點的誤解，也可以引《觀無量壽經》下品上生與下品下生為證來加以說明，此兩者皆在臨命終時，善知識開導才開始念佛－稱「南無阿彌陀佛」，因稱佛名故，除生死之罪而回極樂故鄉。

請問一向專稱佛名者是否須要迴向與發願？

　　善導大師在《觀經疏》中有解釋六字名號裡的「南無」即是歸命，亦是發願迴向之義。淨土法門不是講我們迴向給彌陀，不是的！是反過來，是彌陀迴向給我們。彌陀將他真實的功德迴向給我們，使我們離開娑婆的輪迴，回極樂故鄉，得到真實大利（成佛），廣度十方眾生。所以我們只要懷著感恩心念佛，不必再單獨

迴向，也是不用特別發願的，因為我們之所以信受彌陀的救度，就是有一種願生心，從願生心這一點來講，也是屬於一種發願的內涵，本來已經具有這種內涵了，所以不必再每天發願。只是說，如果我們在做早晚課的時候，最後就連貫著念一遍「發願文」，這個「發願文」就是《迴向偈》。這首善導大師在《觀經疏》裡的《迴向偈》，與一般的迴向發願不一樣，偈云：「願以此功德，平等施一切，同發菩提心，往生安樂國。」這首《迴向偈》完全是彌陀迴向。「願以此功德」：是指彌陀的悲願所累積的功德。「平等施一切」：平等賜給十方一切眾生。「同發菩提心」：「菩提心」就是成佛的心，而回鄉就能成佛，所以，願回鄉的心，就是淨土法門的菩提心。淨土法門不必另外再去發菩提心，聞信彌陀救度、回心轉意願回鄉成就，將來再回人間利益有情眾生，這種心就是我們的菩提心。「往生安樂國」：使我們回極樂故鄉去。極樂故鄉是個安穩、快樂、沒有六道輪迴、「無有眾苦，但受諸樂」的國土，因而說是「安樂國」。早晚課後面就念這首偈，其他不用再特別念迴向文，也不需要另外再發願。我們本來就有這個願，就是要回極樂故鄉。我們只要時時稱名，念念之中都是在發願，都在迴向。因此，每句名號裡面，都是在流露彌陀將功德迴向給我們，呼喚我們，也都是在流露出自己隨順、信順彌陀，領受他的功德，願回極樂故

鄉。因而聲聲名號都是在表達這種心。[228]

請教人生的實相為何？人生的目的是什麼？如何才能達成呢？

佛陀在《佛說譬喻經》中，以一段著名的譬喻，用以表達「人生究竟是什麼？」這譬喻是這樣的：

在一個寂寞的秋天黃昏，無盡廣闊的荒野中，有一位旅人蹣跚地趕著路。突然，旅人發現灰暗的野道中，散落一地白白的東西，仔細一看，原來是人的白骨。旅人正疑惑思考時，忽然從前方傳來驚人的咆哮聲，隨著一隻大老虎緊逼而來。看到這隻老虎，旅人頓時瞭解許多白骨出現的原因，立刻向來時的道路拔腿就跑。但旅人卻跑到岔路上，迷路了，往前一看竟然到了一座斷崖絕壁的頂上。在千鈞一髮之際，幸好發現斷崖上有一棵松樹，並且從樹枝上垂下一條藤蔓。旅人便毫不猶豫，馬上抓著藤蔓垂下去，可謂九死一生。老虎眼看好不容易即將入口的食物，居然被逃走，可以想像牠是如何懊惱地在崖上狂吼著。好感恩啊！幸虧有這藤蔓，終於保住了寶貴一命。旅人暫時安心了，但是當他朝腳下一看時，不禁喊了「啊！」一聲，原來他腳下竟是波濤洶湧的無底深海，怒浪澎湃著，而且在那波濤間還有三條毒龍，正張開大口等待著他的墮落，旅人不知不覺全身戰慄起來。但更恐怖的是賴以救生的藤蔓，在其

228 參閱《淨土宗叢書》，淨土宗文教基金會。

根接處出現了白色和黑色的老鼠,正在交互地啃咬著藤蔓。旅人拼命搖動藤蔓,想趕走老鼠,可是老鼠一點也沒有逃開的樣子。而且在每次搖晃藤蔓時,便有如水滴的東西從上面落下來,這是樹枝上蜂巢所滴下的蜂蜜。由於蜂蜜太甜了,此心陶陶然地被蜂蜜所深深吸引著,旅人竟全然忘記自己正處於危險萬分的死怖境地。此喻的《攀藤食蜜圖》如圖8。譬喻中所指人、物、景物等略述如下:

旅人:即是指流浪六道的人(所有的人)。荒野:無盡而寂寞的荒野是譬喻人生。秋天的黃昏:秋天的黃昏是比喻人生的孤寂感。白骨:路邊的白骨是指人生旅途中,家族、親屬、朋友等的死亡。老虎:比喻無常,即是自己的死亡。現在這無常之虎猛然向每個人逼來,但由於認為這是非常恐怖而且不祥之事,所以平時不想去思考它。松樹:松樹是指金錢、財產、名譽、地位等等。藤蔓:所譬喻的是人總認為自己還有二十年、三十年或更久的壽命可依恃。但世間的一切都是無常的,因此,每個人總有一天都要面對死亡。老鼠:不斷交互咬齧著藤蔓的白老鼠和黑老鼠是指白天和晚上。白天的白老鼠和晚上的黑老鼠,互相在縮短我們的壽命。深海:所譬喻的便是惡道。墮入此惡道,必須承受大苦惱。毒龍:顯現惡道之苦的是這三條毒龍,這三條毒龍即指心中的貪欲、瞋怒、愚癡之可怕的心。蜂蜜:蜂蜜是指人的五欲:財欲、色欲、名欲、食欲、睡欲。那麼佛陀這段譬喻意味著什麼呢?此譬喻開示這孤獨旅人之相,便是所有人類的「人生之實相」,亦即後生一大事,分

分秒秒地逼近著。因而慈悲的佛陀進而說明解決之道。

佛陀在誕生時就已徹底地宣說了「人生究竟的目的」。佛陀生下來時，東西南北各走七步，並且右手指天、左手指地說：「天上天下、唯我獨尊」。這在《修行本起經》及其他經典都有記載，也就是有名的「誕生偈」。此偈可作多種解釋，但其本意是在顯示「人生之目的」。這故事深刻地教給我們佛法的教導。「天上天下、唯我獨尊」意思是所有人，都有獨一無二、尊貴的目的。如果出生為三惡道，就無法達成這個目的。只有出生為人，才能夠達成的。是為了達成這個人生目的，我們才出生來到這個世上的。換言之，這句話是佛陀強而有力地直言，教我們：所有的人，都只有一個尊貴之人生目的。所以，無論遭遇多大的痛苦或困難，都要堅強地活下去，直到達成人生之真正目的。走了七步的「七」這個數字是有意義的。七是六加一。六，在佛法裡指的是「六道」，是指地獄界、餓鬼界、畜生界、修羅界、人界、天上界，這六個世界無論是那一道都是迷惑顛倒的。我們的生命從曠劫以來，一直迷於六道的苦界到現在，經歷難以計數的生生死死、死死生生。無論那一生都是在此迷惑與痛苦的世界裡。佛陀通過「七」這個數字教導我們終極究竟的目的，是出離六道，以獲得真正的幸福。[229]

佛陀勸勉我們每個人：「人身難得今已得，佛法難聞今已聞；

---

[229] 慧淨法師編述，《人生之目的》，淨土宗文教基金會，2010年1月。

此身不向今生度，更向何生度此身？」我們今已得人身，佛法也已聞，所以有出生為人的大喜悅。感恩佛陀的勸導與彌陀為我們五劫思惟極樂故鄉的藍圖與救度方法，經過兆載永劫的修行，獲得不可思議的功德，創建了極樂故鄉，並造好了具有無上功德的六字名號，我們只要好好把握今生難值難遇的良機，奉行佛陀的教誨，一向專稱（念）彌陀佛名，即可出離猶如火宅的無常世界，而達成人生之真正目的，獲得永恆的幸福。

圖 8・攀藤食蜜圖[230]

---

[230] 同前註。〈攀藤食蜜圖〉，《淨土藝術・佛像》，中華淨土宗協會、淨土宗文教基金會。

第十章　幸福的Q&A

附錄·幸福的經論集要

《佛說無量壽經》集要

一、設我得佛，十方眾生，至心信樂，欲生我國，乃至十念，若不生者，不取正覺；唯除五逆，誹謗正法。（第十八願文）

二、諸有眾生，聞其名號，信心歡喜，乃至一念，至心迴向，願生彼國，即得往生，住不退轉；唯除五逆，誹謗正法。（第十八願成就文）

三、我建超世願，必至無上道，斯願不滿足，誓不成等覺。我於無量劫，不為大施主，普濟諸貧苦，誓不成等覺。我至成佛道，名聲超十方，究竟有不聞，誓不成等覺。

四、為眾開法藏，廣施功德寶，常於大眾中，說法師子吼。

五、設我得佛，國中天人，不住定聚，必至滅度者，不取正覺。（第十一願）

六、其有眾生，生彼國者，皆悉住於正定之聚。所以者何，彼佛國中，無諸邪聚，及不定聚。

七、設我得佛，十方世界，無量諸佛，不悉咨嗟，稱我名者，不取正覺。（第十七願）

八、設我得佛，光明有限量，下至不照百千億那由他諸佛國者，不取正覺。（第十二願）

九、設我得佛，壽命有限量，下至百千億那由他劫者，不取正覺。（第十三願）

十、設我得佛，國中天人，壽命無能限量。除其本願，修短自在。若不爾者，不取正覺。（第十五願）設我得佛，他方佛土，諸菩薩眾，來生我國，究竟必至一生補處；除其本願，自在所化。為眾生故，披弘誓鎧，積累德本，度脫一切。遊諸佛國，修菩薩行，供養十方諸佛如來。開化恆沙無量眾生，使立無上正真之道。超出常倫諸地之行，現前修習普賢之德。若不爾者，不取正覺。（第二十二願）

十一、如來智慧海，深廣無涯底，二乘非所測，唯佛獨明了。設我得佛，十方眾生，發菩提心，修諸功德，至心發願，欲生我國，臨壽終時，假令不與大眾圍繞現其人前者，不取正覺。（第十九願）

十二、設我得佛，十方眾生，聞我名號，係（繫）念我國，殖（植）諸德本，至心迴向，欲生我國，不果遂者，不取正覺。（第二十願）

十三、爾時慈氏菩薩白佛言：「世尊，何因何緣，彼國人民胎生、化生？」佛告慈氏：「若有眾生，以疑惑心修諸功德，願生彼國，不了佛智、不思議智、不可稱智、大乘廣智、無等無倫最上勝智，於此諸智疑惑不信；然猶信罪福，修習善本，願生其國。此諸眾生，生彼宮殿，壽五百歲；常不見佛，不聞經法，不見菩薩、聲聞聖眾。是故於彼國土，謂之胎生。若有眾生，明信佛智乃至勝智，作諸功德，信心迴向。此諸

附錄·幸福的經論集要

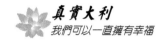

眾生，於七寶華中自然化生，跏趺而坐。須臾之頃，身相光明、智慧功德，如諸菩薩具足成就。

十四、爾時阿難即見無量壽佛威德巍巍，如須彌山王高出一切諸世界上，相好光明，靡不照耀；此會四眾一時悉見。彼見此土亦復如是。

十五、天地之間，自然有是，雖不即時，卒暴應至，善惡之道，會當歸之。

十六、因其前世，不信道德，不修善本；今復為惡，天神剋識，別其名籍，壽終神逝，　下入惡道。故有自然三塗，無量苦惱。展轉其中，世世累劫，無有出期，難得解脫，痛不可言。

十七、但作眾惡，不修善本，皆悉自然，入諸惡趣。或其今世，先被殃病，求死不得，求生不得。

十八、其佛本願力，聞名欲往生，皆悉到彼國，自致不退轉。

《佛說阿彌陀經》集要

　　舍利弗，不可以少善根福德因緣得生彼國。舍利弗，若有善男子、善女人，聞說阿彌陀佛，執持名號，若一日，若二日，若三日，若四日，若五日，若六日，若七日，一心不亂：其人臨命時，阿彌陀佛與諸聖眾現在其前；是人終時，心不顛倒，即得往生阿彌陀佛極樂國土。

《佛說觀無量壽經》集要

一、唯願世尊，為我廣說無憂惱處，我當往生，不樂閻浮提濁惡世也。此濁惡處，地獄、餓鬼、畜生盈滿，多不善聚。願我未來，不聞惡聲，不見惡人。今向世尊，五體投地，求哀懺悔，唯願佛日，教我觀於清淨業處。」爾時世尊，放眉間光。其光金色，遍照十方無量世界；還住佛頂，化為金臺，如須彌山，十方諸佛淨妙國土皆於中現：或有國土，七寶合成；復有國土，純是蓮華；復有國土，如自在天宮；復有國土，如玻璃鏡，十方國土，皆於中現。有如是等無量諸佛國土，嚴顯可觀，令韋提希見。時韋提希白佛言：「世尊，是諸佛土雖復清淨，皆有光明，我今樂生極樂世界，阿彌陀佛所。唯願世尊，教我思惟，教我正受。」

二、如是至心，令聲不絕，具足十念，稱南無阿彌陀佛。稱佛名故，於念念中，除八十億劫生死之罪。

三、佛告阿難：「汝好持是語，持是語者，即是持無量壽佛名。」

《佛說十善業道經》集要

壹、若離殺生，即得成就十離惱法。何等為十？一、於諸眾生，普施無畏。二、常於眾生，起大慈心。三、永斷一切瞋恚習氣。四、身常無病。五、壽命長遠。六、恒為非人之所守護。七、常無惡夢，寢覺快樂。八、滅除怨結，眾怨自解。九、無惡道怖。十、命終生天。是為十。若能迴向阿耨多羅三藐三菩提者，後成佛時，得佛隨心自在壽命。

貳、若離偷盜，即得十種可保信法。何等為十？一、資財盈積，王賊水火及非愛子，不能散滅。二、多人愛念。三、人不欺負。四、十方讚美。五、不憂損害。六、善名流布。七、處眾無畏。八、財命色力安樂，辯才具足無缺。九、常懷施意。十、命終生天。是為十。若能迴向阿耨多羅三藐三菩提者，後成佛時，得證清淨大菩提智。

參、若離邪行，即得四種智所讚法。何等為四？一、諸根調順。二、永離諠掉。三、世所稱歎。四、妻莫能侵。是為四。若能迴向阿耨多羅三藐三菩提者，後成佛時，得佛丈夫隱密藏相。

肆、若離妄語，即得八種天所讚法。何等為八？一、口常清淨，優鉢華香。二、為諸世間之所信伏。三、發言成證，人天敬愛。四、常以愛語，安慰眾生。五、得勝意樂，三業清淨。六、言無誤失，心常歡喜。七、發言尊重，人天奉行。八、智慧殊

附錄‧幸福的經論集要

勝，無能制伏。是為八。若能迴向阿耨多羅三藐三菩提者，後
成佛時，即得如來真實語。

伍、若離惡口，即得成就八種淨業。何等為八？一、言不乖度。
二、言皆利益。三、言必契理。四、言詞美妙。五、言可承
領。六、言則信用。七、言無可譏。八、言盡愛樂。是為八。
若能迴向阿耨多羅三藐三菩提者，後成佛時，具足如來梵音聲
相。

陸、若離兩舌，即得五種不可壞法。何等為五？一、得不壞身，無
能害故。二、得不壞眷屬，無能破故。三、得不壞信，順本業
故。四、得不壞法行，所修堅固故。五、得不壞善知識，不誑
惑故。是為五。若能迴向阿耨多羅三藐三菩提者，後成佛時，
得正眷屬，諸魔外道不能沮壞。

《大勢至菩薩念佛圓通章》集要

　　大勢至法王子，與其同倫五十二菩薩，即從座起，頂禮佛足，而白佛言：「我憶往昔，恆河沙劫，有佛出世，名無量光；十二如來，相繼一劫。其最後佛，名超日月光；彼佛教我，念佛三昧。譬如有人，一專為憶，一人專忘；如是二人，若逢不逢，或見非見。二人相憶，二憶念深；如是乃至從生至生，同於形影，不相乖異。十方如來，憐念眾生，如母憶子；若子逃逝，雖憶何為？子若憶母，如母憶時，母子歷生，不相違遠。若眾生心，憶佛、念佛，現前當來，必定見佛，去佛不遠；不假方便，自得心開。如染香人，身有香氣；此則名曰：香光莊嚴。我本因地，以念佛心，入無生忍；今於此界，攝念佛人，歸於淨土。佛問圓通，我無選擇；都攝六根，淨念相繼，得三摩地，斯為第一。」

龍樹菩薩《十住毘婆沙論》‧〈易行品〉集要

一、佛法有無量門：如世間道，有難有易；陸道步行則苦，水道乘
船則樂。菩薩道亦如是：或有勤行精進，或有以信方便，易行
疾至阿惟越致者。

二、阿彌陀佛本願如是：若人念我稱名自歸，即入必定，得阿耨多
羅三藐三菩提；是故常應憶念。

道綽大師《安樂集》集要

問曰：一切眾生，皆有佛性，遠劫以來，應值多佛；何因至今，仍
自輪迴生死，不出火宅？

答曰：依大乘聖教，良由不得二種勝法，以排生死，是以不出火
宅。何者為二？一謂聖道，二謂往生淨土。其聖道一種，今
時難證，一由去大聖遙遠，二由理深解微。是故《大集月藏
經》云：「我末法時中，億億眾生，起行修道，未有一人得
者。」當今末法，現是五濁惡世，唯有淨土一門，可通入
路。是故《大經》云：「若有眾生，縱令一生造惡，臨命終
時，十念相續，稱我名字，若不生者，不取正覺。」

善導大師法語集要

一、娑婆化主，因其請故，即廣開淨土之要門；安樂能人，顯彰別意之弘願。其「要門」者，即此《觀經》定散二門是也。定即息慮以凝心，散即廢惡以修善。迴斯二行，求願往生也。言「弘願」者，如《大經》說：「一切善惡凡夫得生者，莫不皆乘阿彌陀佛大願業力為增上緣也。」（《觀經疏》）

二、言「南無」者，即是歸命；亦是發願迴向之義。言「阿彌陀佛」者，即是其行。以斯義故，必得往生。（《觀經疏》）

三、《無量壽經》四十八願中，唯明專念彌陀名號得生。（《觀經疏》）

四、上來雖說，定散兩門之益；望佛本願，意在眾生，一向專稱，彌陀佛名。（《觀經疏》）

五、極樂無為涅槃界，隨緣雜善恐難生；故使如來選要法，教念彌陀專復專。種種法門皆解脫，無過念佛往西方。（《法事讚》）

法然上人《法然上人全集》集要

一、正定之業者，即是稱佛名，稱名必得生，依佛本願故。

二、念佛雖有種種之義，稱六字之中，一切皆含。

三、淨土宗之心要者，在於「不論是誰，但念佛皆往生」。

四、以一念十念亦得往生故，而疏於念佛者，即是信妨礙行也；以
　　念念不捨故，而思一念往生不定者，即是行妨礙信也。信者信
　　一念亦生，行者勤一形稱念。思一念往生不定者，念念之念佛
　　則成不信之念佛也。其故者，阿彌陀佛發起一念契當一次之往
　　生之願故，念念皆成往生之業也。

五、往生思一定則一定，思不定則不定。

六、第十九願者，為引導諸行之人歸入念佛之願也。

七、《阿彌陀經》等者，淨土門之出世本懷也；《法華經》者，聖
　　道門之出世本懷也。所望者異，不足疑也。

印光大師法語集要

一、所謂十念記數者，當念佛時，從一句至十句，須念得分明，仍須記得分明。至十句已，又須從一句至十句念，不可二十三十。隨念隨記，不可掐珠，唯憑心記。若十句直記為難，或分為兩氣，則從一至五，從六至十。若又費力，當從一至三，從四至六，從七至十，作三氣念。念得清楚，記得清楚，聽得清楚，妄念無處著腳，一心不亂，久當自得耳。（復高邵麟居士書四）

二、淨土法門，唯信為本。信得極，五逆十惡，皆能往生。信不及，通宗通教未曾斷惑者，皆無其分。（復周智茂居士書）

三、仗「自力」者，名「通途法門」；仗「佛力」者，名「特別法門」。由茲，揀去自力，注重佛加，冀娑婆具足惑業之含識，現生同赴蓮池。（續編卷下・楹聯）

四、大家要曉得：仗自力修持，「自」有何種力？但是無始以來的「業力」！所以萬劫千生，難得解脫。仗阿彌陀佛的弘誓大願力，自然一生成辦。（三編卷四・世界佛教居士林開示法語）

五、只要能深信，只要能發願，只要能念佛，無論何人，都可以往生去的。故曰：萬修萬人去。（三編卷四・世界佛教居士林開示法語）

六、淨土法門，乃一切諸法歸宗結頂之法。（增廣下・濟南淨居寺

重興碑記）

七、淨土法門，為佛法中最平常、最高深之法門；若非宿具善根，實難深生正信。（三編卷三・覆秦銘光居士書）

八、能於此法，深生信心，則雖具縛凡夫，其種性已超二乘之上。喻如太子墮地，貴壓群臣。（增廣卷一・與陳錫周居士書）

九、勸人念佛求生西方，即是成就凡夫作佛，功德最大。（續編上・一函遍覆）

國家圖書館出版品預行編目資料

真實大利：我們可以一直擁有幸福／張耀輝 著.
--初版.--臺中市：白象文化事業有限公司，2023.8
　　面；　公分.
　ISBN 978-626-364-050-4（平裝）

1.CST：佛教修持　2.CST：人生哲學
225.87　　　　　　　　　　　　112008527

真實大利：
　　我們可以一直擁有幸福

作　　　者　張耀輝
校　　　對　張耀輝
圖片提供　中華淨土宗協會、淨土宗文教基金會
發 行 人　張輝潭
出版發行　白象文化事業有限公司
　　　　　412台中市大里區科技路1號8樓之2（台中軟體園區）
　　　　　出版專線：（04）2496-5995　　傳真：（04）2496-9901
　　　　　401台中市東區和平街228巷44號（經銷部）
　　　　　購書專線：（04）2220-8589　　傳真：（04）2220-8505
出版編印　林榮威、陳逸儒、黃麗穎、陳婉婷、李婕
設計創意　張禮南、何佳諠
經紀企劃　張輝潭、徐錦淳
經銷推廣　李莉吟、莊博亞、劉育姍、林政泓
行銷宣傳　黃姿虹、沈若瑜
營運管理　林金郎、曾千熏
印　　　刷　百通科技股份有限公司
初版一刷　2023 年 8 月
定　　　價　300 元

白象文化　印書小舖　出版·經銷·宣傳·設計
www.ElephantWhite.com.tw　PressStore　自費出版的領導者　購書 白象文化生活館